保育者をめざす人の保育内容「言葉」

第2版

駒井 美智子 編

執筆者一覧

●編者

駒井美智子（こまいみちこ）　元常葉大学

●執筆者（五十音順）

相澤　京子（あいざわ きょうこ）　フェリシアこども短期大学……………………第2章
浅木　尚実（あさぎ なおみ）　白鷗大学…………………………………………第8章
生駒　幸子（いこま さちこ）　龍谷大学短期大学部………………………… 第10章
石川　悟司（いしかわ さとし）　盛岡大学………………………………………第5章
大竹　聖美（おおたけ きよみ）　東京純心大学………………………………… 第12章
駒井美智子（こまいみちこ）　（前出）………………………………………付録1〜5
咲間まり子（さくま まりこ）　函館短期大学………………………… 第12章・第13章
實吉　明子（さねよし あきこ）　元湘北短期大学……………………………… 第11章
仲本　美央（なかもと みお）　白梅学園大学……………………………………第1章
廣瀬真喜子（ひろせ まきこ）　沖縄女子短期大学………………………………第6章
伏見千悦子（ふしみ ちえこ）　北翔大学…………………………………………第9章
松田　純子（まつだ じゅんこ）　実践女子大学…………………………………第4章
宮里　香（みやざと かおる）　福岡教育大学……………………………………第3章
八幡眞由美（やはた まゆみ）　国立音楽大学……………………………………第7章

はじめに

　近年、わが国では少子高齢化が急速に進展し、ついに「超高齢社会」を迎えた。これにより、人口構成のバランスが崩れ、さまざまな問題と課題が日本社会に浮上していることは、周知のとおりである。とりわけ、わが国の将来を担う「次世代人材育成」は喫緊の課題であり、乳幼児に対する「充実した保育」はその中心に位置づけられるべき課題であろう。

　それでは、どのような保育が「充実した保育」なのであろうか。もちろん、待機児童の問題は今すぐに解消すべき課題であるが、数の上で待機児童の問題を解消したとしても、それだけでは「充実した保育」には不十分である。充実した保育には、保育の質を向上させていくことが求められる。しかしながら、保育の質は多面的かつ階層的で、これ自体がとても難しい問題である。

　本書は、こうした保育の質を「言葉」の面からとらえ、解説しようとするものである。乳幼児が社会のなかに溶け込み、成長していくためには、「言葉」が欠かせないことは誰もが認めるところであり、質の高い保育を考え、実践しようとする際に、「言葉」はその中核を担うテーマとなる。こうした考え方に基づき、本書では言葉をまだ十分に理解していない乳幼児に対して、保育者がどのように言葉の理解とそれを通じた成長を保護者とともに支援していくかについて学べるように構成した。具体的には、保育内容「言葉」の学習について、基礎編、実践編、実技編、発展編という流れで学べるように工夫し、ステップアップしながら学習できるようにしている。また、巻末には、言葉に関連した教材実践例等を掲載しているが、それだけではなく、子どもの発達全体に関連する発達表等も掲載し、他領域との関わりや、他の発達との関連を総合的に理解して、学びを深められるよう工夫している。

　なお本書は、2018（平成30）年施行の「幼稚園教育要領」「保育所保育指針」「幼保連携型認定こども園教育・保育要領」をふまえて新たに編集した第2版である。第2版では記述の見直しや付録のさらなる充実を図っている。保育者をめざす皆さんが本書で学び、子どもたちの「言葉」の成長を支援・援助する立派な保育者が誕生することを執筆者全員が願っている。

　最後に、本書を発行するにあたってご尽力いただきました執筆者の先生方、幼稚園、保育所（園）、認定こども園の関係者の皆様、および（株）みらいの方々に対して厚く御礼申し上げます。

2018年2月

編者　駒井　美智子

もくじ

はじめに

基礎編

第1章 保育内容「言葉」の意義 ………………………… 13

第1節 人間と言葉 ………………………………………… 13
（1） 人間としてのコミュニケーションのはじまり　13
（2） 関わりから言葉へ　14
（3） 言葉を手段として使う　16

第2節 幼児と言葉 ………………………………………… 17
（1） 伝え合いから育つ―コミュニケーションとしての手段―　17
（2） 思考してから生み出す言葉―思考する手段―　18
（3） 行動を調整しながら達成する―行動を調整する手段―　18
（4） 私の気持ちを伝える―自己を表現する手段―　19
（5） ものや行為を言葉で表現する―ものや行為を意味づける手段―　20

第3節 幼児教育と保育内容「言葉」……………………… 21
（1） 言葉の育ちを保障すること　21
（2） 保育内容「言葉」における保育者が担う役割　21

第2章 領域「言葉」の「ねらい」および「内容」… 25

第1節 領域「言葉」とは ………………………………… 25

第2節 乳児保育に関わる「ねらい」および「内容」…… 25
（1） ねらい　25
（2） 内容　26

第3節 1歳以上3歳未満児の保育に関わる「ねらい」および「内容」 28
（1） ねらい　28
（2） 内容　29

第4節 3歳以上児の保育に関わる「ねらい」および「内容」……… 31
（1） ねらい　31
（2） 内容　33

第5節 幼児期の終わりまでに育ってほしい姿 …………… 35

第3章　子どもの言葉の発達 ………………………… 39

第1節 言葉のめばえ ………………………… 39
（1）言葉を育む環境―生後間もない乳児への声かけから―　39
（2）言葉の発声訓練としての笑いと身体の動き　39
（3）喃語が言葉になるまで―保護者の関わりと意味づけ―　41

第2節 言葉による世界の意味づけ ………………………… 42
（1）目に見えないものを他者と共有する―表象機能の発達―　42
（2）知っていることと結びつけて言葉の意味を理解する　43

第3節 言葉による世界の秩序化 ………………………… 45
（1）コミュニケーションの道具から思考の道具への移行　45
（2）感情や経験と結びついた「自分なりの表現」　47

第4節 言葉とはどのようなものだろう？ ………………………… 48

第4章　子どもの言葉と環境 ………………………… 51

第1節 子どもの言葉が育つ環境とは ………………………… 51
（1）発達初期の養育環境の重要性　51
（2）応答的環境と愛着関係　53

第2節 話し言葉と環境 ………………………… 54
（1）話し言葉からはじまる言葉の理解と表現　54
（2）環境としての保育者　55
（3）環境としての仲間と集団生活　57

第3節 読み・書き言葉と環境 ………………………… 58
（1）幼児期における書き言葉　58
（2）文字の認識と言葉遊び　58
（3）保育現場の文字環境　59
（4）絵本を読む　59

実 践 編

第5章　保育者の指導・支援 ………………………… 63

第1節 保育者の関わり ………………………… 63
（1）保育者が「関わること」の意味　63
（2）指導と支援　65

第2節 0歳児～2歳児の言葉と保育者の関わり　　66
- （1）　6か月未満　66
- （2）　6か月～1歳3か月未満　67
- （3）　1歳3か月～2歳未満　68
- （4）　2歳児　69

第3節 3歳児～6歳児の言葉と保育者の関わり　　70
- （1）　3歳児　70
- （2）　4歳児　71
- （3）　5歳児　72
- （4）　6歳児　73

第4節 育ちの連続性と指導・支援の継続性　　73

第6章　言葉での関わりに配慮を必要とする子どもへの指導・支援　75

第1節 言葉の発達に課題を抱える子どもとは　　75
- （1）　言葉を話す前に　75
- （2）　言葉の育ちに影響するもの　76

第2節 言葉の発達の課題　　76
- （1）　発語に関する課題　76
- （2）　意味の理解・コミュニケーションに関する課題　78

第3節 保育者による言葉の発達に課題を抱える子どもへの指導・支援　　80
- （1）　保育者の関わり　80
- （2）　園生活での学び　82
- （3）　居心地のよい環境を整える　83

第4節 言葉の発達に課題を抱える子どもの保護者への支援　　84
- （1）　保護者との連携　84
- （2）　保護者からの相談　84

第5節 専門機関等との連携　　85

第7章　保育者の言葉　87

第1節 言葉の発達を支援する保育者の言葉　　87
- （1）　言葉の発達を支援する保育者　87
- （2）　保育と言葉　88

第2節 自分自身の言葉を振り返る　　89

第3節 事例からみる保育者の言葉 ・・・・・・・・・・・・・・・・・・・・・・・・・・・・・・・・・・・・・ 90

第4節 保育者自身の言葉を育む ・・・・・・・・・・・・・・・・・・・・・・・・・・・・・・・・・・ 95

実技編

第8章 児童文化財（1） ・・・ 99

第1節 児童文化とは ・・・ 99

第2節 絵本 ・・・ 99

（1） 絵本とは何か　99
（2） 絵本の種類　100
（3） 絵本の役割　100
（4） 読み聞かせの基本　102
（5） 絵本の選び方　103

第3節 ストーリーテリング ・・・・・・・・・・・・・・・・・・・・・・・・・・・・・・・・・・・・・ 104

（1） ストリーテリングとは　104
（2） 保育とお話　105
（3） お話の選び方　107
（4） お話の覚え方　107
（5） お話の語り方　108
（6） お話の実際　109

第4節 紙芝居 ・・ 110

（1） 紙芝居とは　110
（2） 演じる前の準備　111
（3） 演じ方の3つの基本　111

第9章 児童文化財（2） ・・・・・・・・・・・・・・・・・・・・・・・・・・・・・・・・・・ 115

第1節 言葉遊びとはなにか ・・・・・・・・・・・・・・・・・・・・・・・・・・・・・・・・・・・・ 116

第2節 子どもと楽しむ言葉遊びの実践 ・・・・・・・・・・・・・・・・・・・・・・・ 116

（1） なぞなぞ　116
（2） しりとり　117
（3） 言葉集め　118
（4） 伝言ゲーム　119
（5） 変身する言葉・逆さ言葉　119
（6） ごっこ遊び　120

第3節 伝承遊びの実践 ････････････････････････････････ 122

第4節 詩の世界 ･･････････････････････････････････････ 124

第10章　児童文化財（3） ･･････････････････････ 127

第1節 「演じられる物語」を体験すること ････････････ 127
　（1）　豊かな言葉の体験としての「演じられる物語」　127
　（2）　視聴覚系児童文化財の教材研究で大切にしたいこと　128

第2節 ペープサート ････････････････････････････････ 129
　（1）　ペープサートとは　129
　（2）　ペープサートを製作する　129
　（3）　演じる、保育活動を実践する際の留意点　130
　（4）　実践してみよう―ペープサート「ねずみじょうど」　130

第3節 パネルシアター ･･････････････････････････････ 131
　（1）　パネルシアターとは　131
　（2）　パネルシアターを製作する　131
　（3）　パネルシアターのしかけ　131
　（4）　演じる、保育活動を実践する際の留意点　132
　（5）　実践してみよう―パネルシアター「三びきのやぎ」　132

第4節 エプロンシアター ････････････････････････････ 133
　（1）　エプロンシアターとは　133
　（2）　エプロンシアターを製作する　133
　（3）　演じる、保育活動を実践する際の留意点　134
　（4）　実践してみよう―エプロンシアター「なにができるかな？」　134

第5節 人形劇 ･･ 135
　（1）　人形劇とは　135
　（2）　人形劇を製作する　135
　（3）　演じる、保育活動を実践する際の留意点　136
　（4）　実践してみよう―人形劇「ブレーメンの音楽隊」　136

第6節 劇遊び ･･ 137
　（1）　劇遊びとは　137
　（2）　劇遊びのおもしろさ　137
　（3）　劇遊びの発展と保育者の留意点　137
　（4）　実践してみよう―劇遊び「おおきなかぶ」　138

> 発展編

第11章 「言葉」の指導計画 …………………………… 143

第1節 指導計画の考え方 …………………………… 143
　（1）　教育課程・全体的な計画　143
　（2）　長期の指導計画　144
　（3）　短期の指導計画　144
　（4）　その他の計画等　145
　（5）　クラス担任としての指導計画の作成　146

第2節 「言葉」の指導計画の作成 …………………………… 147
　（1）　領域「言葉」と指導計画　147
　（2）　事例からみる「言葉」の指導計画　148

第12章 発展事例─保育内容「言葉」のまとめ─ … 153

第1節 発展事例（1） …………………………… 153
　（1）　発展事例①─生後5か月　154
　（2）　発展事例②─1歳3か月～2歳未満　154
　（3）　発展事例③─3歳　155

第2節 発展事例（2） …………………………… 155

第3節 発展事例（3） …………………………… 156
　（1）　発展事例①─岩手県町村部　156
　（2）　発展事例②─首都圏─公立保育所　157

第13章 言葉と国語教育─小学校教育へ─ ……… 161

第1節 国語へのつながり …………………………… 161

第2節 学習のはじまり …………………………… 166

> 付　録
1　心・身体・言葉の発達表（目安）　173
2　パペットを作成してみよう　181

3 エプロンシアターの実践（おおかみと七ひきのこやぎ）　182
4 遊びからみる「幼児期の終わりまでに育ってほしい姿」　186
5 主な園行事の紹介　188

基礎編

第1章
保育内容「言葉」の意義

第1節 人間と言葉

(1) 人間としてのコミュニケーションのはじまり

　言葉は人間特有のコミュニケーション手段である。人間は、言葉の獲得によって、自らの気持ちや考え、知識や経験を他者へ伝えることができるようになる。しかし、人間は言葉を獲得する以前から、コミュニケーション手段を他の方法でも獲得している。ここでは、人間が生まれてから言葉を獲得するまでの間に（赤ちゃんが）培っていくコミュニケーション手段について考えてみることにしよう。

① 「目」と「目」を合わせる

　人間は、生まれた直後から抱きかかえられたり、床に仰向けに寝かされたりしながら、Face to Face（顔と顔の向き合い）でコミュニケーションを取る動物である。京都大学霊長類研究所の松沢哲郎はこれまでの研究成果から、出産直後から子どもが母親から離れて、仰向けになっても安定しているのは、互いに顔を向き合い、目と目を合わせ、にっこりと微笑みながらコミュニケーションを取るからであるとしている。たとえば、赤ちゃんチンパンジーの場合には、常にしっかりと母親の体にしがみつき、母親も子どもを抱いているため、もし、仰向けに置かれた際には赤ちゃんチンパンジーはもがき、安定しないという。すなわち、「人間は生まれながらにして、見つめ合い、微笑み合い、声でやりとりをして、自由な手で物を扱う、そういう存在として生まれてきている」[1]ということなのである。

　このように、人間は互いの言葉によるコミュニケーション以前の手段として、まず「目」と「目」を合わせて通じ合うことをはじめる動物なのである。

② 授乳行動にみるコミュニケーション

　日々、赤ちゃんが成長するために必要な行動の一つとして授乳がある。こ

の授乳行動に関して、正高信男は、赤ちゃんには平均的に25秒母乳を吸い、14秒くらい休むという一般的な行動パターンがあることを発見している。さらに、このパターンは、赤ちゃんが吸うのをやめると多くの母親が優しく赤ちゃんを揺さぶり、声をかけるという行動があることから出現するものであるとしている。そして赤ちゃんは、母親からの刺激を受けた後、再び吸いはじめる。その行動の繰り返しが授乳の一般的な行動パターンなのである。

　このような授乳場面での母子の姿から、赤ちゃんは言葉を発する以前から行動による応答的な関わり（対話のような関わり）を行っていると考えられる。

③ 「泣く」と「保護者の行為」の繰り返しのなかで

　赤ちゃんの欲求は、「泣く」ことで表現される。すると、保護者は「どうしたの？　お腹がすいたのかな？　おむつが濡れたのかな？」などと話しかけ、赤ちゃんの欲求に応えようと働きかける。赤ちゃんは生まれた直後からこのやり取りを繰り返し経験することによって、泣くことで自らの欲求が満たされることを知り、成長するにしたがって欲求が他者への要求に変化していくのである。保護者もまた、赤ちゃんの欲求の違いに気づくようになり、泣き方や表情、行動等によって何を欲求しているのかを理解していき、その欲求に応じた接し方をするようになる。

　このようなやり取りの繰り返しのなかで、赤ちゃんは自らの意思を伝えるためにコミュニケーションを取ろうとするだけでなく、信頼できる人との関係性を築いていくのである。

(2) 関わりから言葉へ

　赤ちゃんは、他者の存在に気づき、自らの欲求がその他者とコミュニケーションを取ることで伝わることを知ると、保護者や保育者などの他者との関わりをさらに深めていく。この関わりのなかで、言葉はどのように育っていくのだろうか。

① バーバルとノンバーバルなコミュニケーション

　人間は、生まれてから有意味語（意味のある言葉）を一語発するまでに、平均的に生後から1年くらいの期間が必要となる。しかし、それまでの間に言葉を発していないということではない。人間のコミュニケーションには、バーバルコミュニケーションとノンバーバルコミュニケーションの大きく2つのコミュニケーション方法が存在する。バーバルコミュニケーションとは、言語コミュニケーションともいわれ、会話や文字、印刷物などをとおしたコ

第1章　保育内容「言葉」の意義

ミュニケーションのことを意味する。ノンバーバルコミュニケーションとは、非言語コミュニケーションともいわれ、顔の表情や視線、手振り、身振り、声のトーンといった言語的表現以外のコミュニケーションを意味する。言語技術を中心とした教授法の研究者であるマジョリー（Marjorie F.Vargas）は、「話しことばによるコミュニケーションを受信するには、もちろん聴覚がもっとも重要だが、非言語コミュニケーションでは、人間の五官すべてが、メッセージを受け取ることになる」[2]と述べている。

有意味語を発する前までの赤ちゃんは、この非言語コミュニケーションで人とのやり取りを行うことが多い。「微笑みかける」「快・不快を表情で表す」「手を振る」「ほしいものを指さす」などはそのようなやり取りの一部である。つまり、赤ちゃんはノンバーバルなコミュニケーションによって、言葉を発する以前から言葉を発しているのと同じようにまわりの人に働きかけ、相手からの言葉による応答の繰り返しによって対話をしているといえる。

② 語りかける言葉を聞き、言葉の意味を理解する

乳児期の発達過程において、まわりの人たちから多くの言葉を語りかけられることは重要である。よく「言葉のシャワーを浴びるように」と表現されることがあるが、正しく、日々いくつもの言葉が注がれることによって、子どもの言葉の育ちに変化が与えられる。ここで、乳児と保育者による出来事を紹介しよう。

事例1）『もこ もこもこ』（0歳児）

> A児（11か月）を抱っこしていたB保育者が、ふとA児の視線の先をたどってみると、A児は保育室の壁を見渡している。その壁に、昨日読んだ『もこ もこもこ』*1の絵本が飾ってあることに気がついたB保育者は、そっとA児の耳元で「もこ…」とささやいてみた。すると、A児はすぐさま保育者と顔を見合わせ、にっこり微笑むと、絵本の方向を指さした。「あら、昨日読んだこと覚えていたのね。私もうれしい」とB保育者も微笑み返した。
>
> A児が読んでほしいという要求をしたことから、B保育者が絵本を読みはじめる。「もこ、もこもこ」「ふんわ、ふんわ、ふんわ、ふんわ…」1ページごとに繰り返される絵本をとおしたB保育者からの言葉にA児は熱心に聴き入り、時にB保育者と目を合わせながらにっこり笑う。
>
> 「ツーン」という言葉のページにさしかかると、A児にハッとし

*1 『もこ もこもこ』
谷川俊太郎作、元永定正絵 文研出版 1977年

> た表情が表われ、B保育者に人さし指を向ける。「そうね、ツーンね」
> B保育者も人さし指を出し、A児の指に向き合わせる。「どこかで、
> ツーンって遊んだことがあるんだね」とB保育者は言葉をかけなが
> ら、2人で何度もその遊びを繰り返していた。

　この事例1）のA児とB保育者のやり取りから、赤ちゃんは言葉を発していなくとも、まわりの人たちから言葉が与えられることによって、理解できる言語数を増やし、さらには、言葉の意味と行動の意味をつなげていることがわかる。それだけ、赤ちゃんは十分に言葉を理解し、習得する力を兼ね備えているのである。

③　さまざまな体験・経験を積み重ねながら、言葉を広げる

　1歳を過ぎ、一語文[*2]を使うようになると、子どもはものと言葉をつなげて理解し、その言葉を積極的に外言[*3]化していくなかで、勢いよく言語を習得していく。2歳頃には、すでに「ママ、イタ」「ニャンニャン、バイバイ」などの二語文を発するようになり、語彙数が約200語へ、3歳頃には約1,000語の語彙を習得し、「〜が」「〜の」といったような助詞の使用も的確となってくる。さらに、3〜4歳にもなると日常会話に困らないほどの話し言葉へと発達していく。

　このように、子どもが言葉を話しはじめる時期から適切に言葉が育つ過程を得るためには、ただまわりの人と言葉を交わし合い、伝え合うだけではなく、子ども自身が能動的であり、さまざまな体験・経験をとおした言葉の習得が可能となる環境が重要なのである。岡本夏木は、この言葉の獲得過程において、子どもが能動的に活動することがいかに重要であるのかを以下のように述べている。「外からの刺激としてのことばをそのまま機械的に写しとっていくのではなく、自らの活動をとおし、選択的に自主的に使いはじめるのである」[3]。このために、保育者は、いわゆる「子どもの主体的な活動」を基本とした保育に日々取り組みながら、子どもの言葉の育ちの環境を保障していくことが大切である。

（3）言葉を手段として使う

　言葉は、さまざまな役割をもっている。この役割には一般的に、①コミュニケーションの手段、②思考する手段、③行動を調整する手段、④自己を表現する手段、⑤ものや行為を意味づける手段の5つがあるといわれている。

[*2] 一語文
第3章 p.43参照。

[*3] 外言
第4章 p.53参照。

乳幼児期は、これら5つの役割をもつ言葉の基礎を養う時期である。それだけに、その言葉の育ちに関わる保育者の役割は重要である。第2節では、保育の現場においてどのように子どもたちの言葉が成長・発達しているのかについて、実際のエピソードをもとに考えてみよう。

第2節 幼児と言葉

(1) 伝え合いから育つ―コミュニケーションとしての手段―

前述したとおり、言葉の獲得はコミュニケーションにはじまり、そのコミュニケーションの連続性のなかで語彙数を増やし、そのままコミュニケーション手段として言葉を使う能力も獲得していく。事例2）では、日々の生活のなかで、子どもたちが互いに自らの気持ちのなかにある欲求や要求、考え、感情を伝え合っている様子をみてみる。

事例2）「入れて」「いいよ」（4歳女児）

> C児たちは、朝から園庭に咲いたきれいな花をたくさん摘み取り、花の髪飾り屋さんをしながら楽しそうに保育室で遊んでいる。C児たちの様子を保育室のドアの側で入りたそうに眺めているD児に、E保育者は、「髪飾り屋さん、一緒にやりたいの？『入れて』って言ってみたらどうかしら？」と言葉をかけた。D児は少し戸惑っていた様子であったが、E保育者に後押しされたのか、意を決した様子で遊びの中心となっていたC児に「入れて」と尋ねてみた。C児は一緒に遊んでいた友だちに「どうする？　入れてあげる？」と相談し合ってから、「いいよ。じゃあ、F子ちゃんとお花を取ってきてくれる？　今、お花足りなくなったの」とD児に答えた。「うん、わかった。F子ちゃんと行ってくる」とD児はうれしそうに笑顔で答え、F児の手を取り、園庭へ駆け出していった。

事例2）からもわかるように、D児とC児は互いに要求を伝え合いながらコミュニケーションを取り、遊び仲間へと変化していった。また、ここでは、E保育者がC児たちの遊びに入りたいD児の気持ちに気づき、D児を主体的な行動へと導いたが、その働きかけは、子どもが人との関わりを深めようと

している状況に対し、成長・発達を支えるうえで、重要な役割を担っているといえる。

（2）思考してから生み出す言葉―思考する手段―

　日常の生活で私たちは、常に心のなかで考えながら言葉を使っている。たとえば、AとBの品物を買うときに、「Aにしようかな？」「いや、Bの方がいいかも」と心のなかで考えたうえで結論を出している。保育現場においても、子ども同士、他者の気持ちを察しながら思考して言葉を掛け合う姿が見受けられる。

事例3）肩を抱き、背中をさする（5歳男児）

> 　5歳児クラスの8人が園庭でサッカーゲームをしていた。接戦ではあったものの赤チーム5点、青チーム6点で青チームが昨日に続き勝利した。すると、突然G児が「あんなにがんばったのに…」と泣きはじめた。昨日負けたので、夕方の園庭でゴールの練習を重ねていたという。その練習する姿を園庭で見ていたH児がG児の側に駆け寄り、いかにも「つらいね」「残念だったね」とでもいうように優しく背中をさすった。そんなH児の優しさに支えられ、しばらくするとG児は泣きやみ、「また、練習しよう」と言葉を掛け合いながら、2人でサッカーの練習をはじめた。

　事例3）では、今、「G児はどんなに悲しい気持ちだろうか」と心配するH児の心の言葉が表面化して見えそうなほど、情緒豊かな子どもの心の育ちと言葉を思考する手段が養われていることに気づかされる。保育現場は、子どもたちの心のなかの言葉だけではなく、優しさにあふれた豊かな心の育ちにも出会うことができる場なのである。

（3）行動を調整しながら達成する―行動を調整する手段―

＊4 『おおきなかぶ』
A・トルストイ作、佐藤忠良絵（内田莉莎子訳）福音館書店 1962年

　言葉は、時に行動を調整する手段にもなる。たとえば、『おおきなかぶ』[*4]の一場面では、登場人物がカブを引っ張るときには「うんとこしょ、どっこいしょ」と言葉を掛け合う。この言葉は、みんなが同じタイミングで引っ張るための行動調節となっている。このように、人間は日常において、心のな

かで言葉を発したり、さらには声に出しながら自らの行動を調整している。事例4）のように、自分の気持ちを整えるために無意識に言葉を発して行動したり、時には自らの状況を励ましながら、再び挑戦したりするのである。

事例4）「そーっとね」（3・4・5歳児）

> 幼児クラス(3・4・5歳児クラス)では、数名の子どもたちが保育室の一角で毎日のように積み木を重ねて東京スカイツリーをつくっている。保育者に脚立を出してもらい、天井近くまで積み上げ、完成間近を迎えていた。いよいよ5歳児のⅠ児が頂上部を積み上げることになった。真剣な表情とまなざしで積み上げるⅠ児は「そーっとね、そーっと」とつぶやきながら、一つひとつ置いていく。まわりの子どもたちも言葉にこそ出さないものの、「そーっとね」とでも語りかけるかのように手を握りしめながら真剣な表情で見守っている。しかし、3つ目の積み木を乗せた次の瞬間、大きな音を立てて、瞬く間に積み木の上部が崩れてしまった。子どもたちは、一瞬驚きはしたものの、すぐさまみんなでⅠ児に言葉をかけた。「Ⅰくん、もう一回やってみようよ」という言葉かけから再び積み木を積みはじめた。Ⅰ児もみんなの言葉に支えられ、「大丈夫、もう一回」と独り言をいいながら、ゆっくりと積み木を手に取った。

（4）私の気持ちを伝える―自己を表現する手段―

　幼稚園教育要領（以下、要領という）、保育所保育指針（以下、指針という）、幼保連携型認定こども園教育・保育要領（以下、教育・保育要領という）における3歳以上児の領域「言葉」の内容に、「したいこと、してほしいことを言葉で表現したり、分からないことを尋ねたりする」とあるように、人は自分を表現する方法の一つとして言葉を使う。

事例5）「一緒にお散歩しよう」（4歳男児）

> 近所の公園に散歩へ出かけようと準備を済ませた子どもたちにＫ保育者は、「今日は、いつもと違うお友だちと手をつないで並んでいきましょう。みんな、二人組になって手をつないでください」と提案した。子どもたちが次々と二人組になるなかで、Ｊ児が気恥ず

> かしそうな表情でＬ児に「一緒にお散歩しよう」と言葉をかけた。
> 「いいよ」という笑顔のＬ児の答えに、Ｊ児はうれしさのあまりぴょんぴょんと飛び跳ねながら、体いっぱいに喜びを表現していた。散歩の途中、Ｋ保育者がＪ児の元に駆け寄り、「よかったね、Ｊ君」と言葉をかけるとＪ児は満面の笑みを浮かべながら、公園に着くまでスキップをし続けていた。

　事例５）のＪ児の場面にみられるように、子どもたちは言葉をとおして伝わった気持ちからうれしさや喜びを味わい、人とともに過ごすことの大切さに気づく。互いにこのような経験を繰り返すなかで、子どもたちは信頼関係を構築していくのである。しかし、時には楽しさ、うれしさなどの喜びの感情だけでなく、自己葛藤や自らの要求を表現する場合もあり、他者との行き違いなどを通じて人それぞれの多様性にも気づき、理解していく。そんな子どもたちの自己の表現にみるその時々の心情に対し、Ｋ保育者のように共感的に理解し、寄り添う保育と言葉の表現も重要である。

（５）ものや行為を言葉で表現する―ものや行為を意味づける手段―

　乳幼児期の子どもは、ものを何かに見立てて模倣しながら遊ぶ。また、そのような遊びのなかでは、行為そのものも言葉によって意味づけられ、生活における現実世界のみならず、想像世界を広げる手段にもなる。
　事例６）の子どもたちと保育者の場面にみられるように、保育現場では、そのようなものや行為を意味づける言葉の手段を保育者自身も使いながら、子どもを多様な生活体験へとつなげている。

事例６）もりのかくれんぼう（３・４・５歳児）

> 　秋晴れのある日、園庭では子どもたちと保育者が集まって何やら話し合っている。集団ゲームをしようというのである。チーム分けのために、二人組でじゃんけんをして勝ったチーム、負けたチームに分かれていたが、なかなかゲームをはじめようとしない。そこで、Ｍ保育者が園庭にあった小さな丸太をもってきて顔に重ね合わせながら、「ぼく、もりのかくれんぼう（絵本のなかの木の妖精のような存在）。勝ったチームの人はぼくの前に並ぼうよ」と子どもたちへ

言葉をかけた。絵本の『もりのかくれんぼう』*5 を1週間前から毎日読み親しんでいた子どもたちの目がパッと輝き、勢いよく並んでいく。負けたチームも同様に並びはじめ、子どもたちともりのかくれんぼう（保育者）のゲームがはじまった。

*5 『もりのかくれんぼう』
末吉暁子作、林明子絵
偕成社 1978年

第3節　幼児教育と保育内容「言葉」

(1) 言葉の育ちを保障すること

　前述した各事例からもわかるように、幼稚園や保育所、認定こども園などにおいて子どもは経験したことや考えたことなどを言葉で表現し、成長・発達をしている。また、他者との関わりをとおして、言葉を話すことだけではなく、言葉を聞くことも積み重ね、人とのあらゆる生活場面のなかでさまざまなことに対する意欲や態度が育っていく。幼児期までの間は学童期以降の子どもの教育とは異なり、保育者は年齢段階ごとに決定づけられた言葉の育ちを考えて展開するのではなく、その子どもの行きつ戻りつの成長・発達をとらえて個々の育ちに理解を深めながら、関わることが必要とされる。秋田喜代美は、このような言葉の習得や学習過程における乳幼児期の保育と学童期以降の教育の違いについて、「授業という単元内での限定的時間の制約で目的的指導をする教育と保育という長期的見通しにおいて総合的に行う教育の違いがある」[4] と述べている。時には、必要以上に時間をかけて、子どもたちの言葉が育つ生活環境を保障するのが保育者の役割であり、その保育者は要領や指針、教育・保育要領の領域「言葉」に示されたねらいや内容に即して具体的な支援や教育を担っていくことが必要なのである。

(2) 保育内容「言葉」における保育者が担う役割

　3歳以上児の保育内容「言葉」の領域には、「したり、見たり、聞いたり、感じたり、考えたりなどしたことを自分なりに言葉で表現する」という内容が含まれている。子どもは自らの思いがあっても、言葉の発達過程にあるうちは十分に適切な表現をすることが難しい場合や、内面にある思いの多くを表情や動作・行動によって表現する場合がある。このような子どもの姿に対し、保育者はただそれらを表面的に受け止めるのではなく、その子どもの表

情や動作に込められる「こころの言葉」に気づき、受け止め、積極的に理解することが必要である。この子どもの「こころの言葉」に保育者の関わりや働きかけがあることによって、さらに子どもは自らの内側にある気持ちを言葉として外側へ表現しようという意欲をもつようになる。また、そのような日常の保育者やまわりの友だちとの生活の積み重ねは、要領、指針、教育・保育要領の「したいこと、してほしいことを言葉で表現したり、分からないことを尋ねたりする」という「言葉」のねらいにもつながる。つまり、子どもは他者に自分の気持ちを伝えるためには、どのような言葉で表現していけばよいのかという手段を得る機会となり、言葉への理解をより深めていくのである。保育者もまた、その言葉で表現をしようとする子どもに対し、常に「なぜ？」「どうして？」などの思いをもちながらその言葉の意味することを読み取ることが重要である。ここで、1つの例として、「なぜ？」「どうして？」を常に考え保育を実践する保育者の事例を紹介しよう。

事例7）ロケットでピューンと飛んできてね（5歳男児）

　新年度より、幼児（3・4・5歳児）クラスから2歳児クラスへ異動になったN保育者の元へ、年長となったO児が駆け寄って、「これ、N先生のためにお家でつくったの。プレゼントだよ。あげる」と、手にもっていたロケットとさくらんぼのプレゼントを差し出した。熱心に作り上げてくれたであろうそのプレゼントに、N保育者は「ありがとう、O君。私がさくらんぼクラスになったから、さくらんぼをつくってきてくれたのね。とてもうれしいわ。大事にするね」と言って、喜びの表情を浮かべながら受け取った。O児はN保育者の反応に満足した様子でその場を立ち去った。

　この日の夜、改めてさくらんぼとロケットを眺めながら喜びを感じていたN保育者であったが、「そういえば、なぜ、ロケットをつくってきてくれたのだろう」という疑問が浮かんできた。明日、O君に聞いてみよう…、そんな気持ちで迎えた翌朝、登園時に見送りにきたO児の母親に出会ったので、O児のプレゼントのお礼

写真1-1　ロケットとさくらんぼ

> を伝えるとともにロケットをつくった理由を尋ねてみた。すると、母親は、「あぁ、よかった。N先生にきちんとプレゼント渡していたんですね。実は、あのロケットをつくりながらO児ったら、『N先生がこのロケットに乗って、いつでもさくらんぼクラスからくるみクラスに来てくれますように』ってつぶやいていたのですよ」と答えたのである。この母親の言葉を聞いて、N保育者はすでに保育室で遊んでいたO児の元へ駆けつけ、「O君、昨日はプレゼントありがとう。早速、ロケットに乗って、ピューンと会いに来たよ」と言葉をかけた。そんなN保育者の言葉に、O児は「うん、いつでもピューンと飛んできてね」と手を振り上げて合図をした後、喜びと安心の表情を浮かべながら、友だちとの遊びのなかへと戻っていった。

　4月初旬の保育現場では、子どもも保育者も新たなスタートラインに立つことが多い。新たな年齢のクラスへの期待感はあるものの、時にはこれからはじまる今までとは少し違う毎日への心細さや、信頼関係を築いていた保育者と別れて新しい先生に代わることへの一抹の不安がよぎり、子どもたちの表情にもちょっとした緊張感が表れる。

　事例7）は、筆者が毎週訪問する保育園で年齢を重ねて自立しようとする子ども（O児）が、いまだ心の拠り所となっている前年度の担任保育者（N保育者）にさまざまなメッセージを込めた手作りのプレゼントを渡した場面である。子どもはこのように、言葉や自らの表情や動作だけでなく、行動のなかに自らの気持ちを込めていることがある。このような場面においては、N保育者のように、「なぜだろう？」「どうしてだろう？」という深い洞察力が必要であり、このことによって子どもの内なる心を十分に受け止められるようになる。筆者は、このような深い洞察力をもった保育者の読み取りには、物事や出来事に対する保育者自身の豊かな感性が影響していると考える。

　子どもは成長・発達するうえで、自らの豊かな感性をもって好奇心、探求心や思考力を養う。また、それらが学童期以降の生活や学びの基礎となる。このため、子どもは諸感覚を働かせた多様な活動を日々の生活や遊びのなかで経験し、豊かな感性を育む必要がある。保育現場では、子どもの人的環境である保育者もまた、日々豊かな感性を育む一人でありたい。そのような保育者と子ども、子ども同士が相互に影響し合うことで、言葉をはじめとした子どもの育ちは支えられ、成長・発達していくのである。

【引用文献】
1）松沢哲郎『想像するちから－チンパンジーが教えてくれた人間の心』 岩波書店　2011年　p.55
2）マジョリー・F・ヴォーガス著（石丸正訳）『非言語コミュニケーション』 新潮社　1987年　p.28
3）岡本夏木『子どもとことば』 岩波書店　1982年　p.5
4）秋田喜代美『保育のおもむき』 ひかりのくに　2010年　p.40

【参考文献】
榎沢良彦・入江礼子編『シードブック 保育内容 言葉』建帛社　2005年
小田豊・芦田宏編『保育内容 言葉』北大路書房　2009年
正高信男『0歳児がことばを獲得するとき－行動学からのアプローチ』 中央公論新社　1993年

【協力】
千葉市社会福祉法人 高洲福祉会まどか保育園

第2章
領域「言葉」の「ねらい」および「内容」

第1節 領域「言葉」とは

　乳幼児期における言葉の獲得は特に重要な発達課題である。幼稚園教育要領（以下、要領という）、保育所保育指針（以下、指針という）および幼保連携型認定こども園教育・保育要領（以下、教育・保育要領という）には、言葉の獲得に関する領域「言葉」が置かれている。この領域は、経験したことや考えたことなどを、言葉を使って表現するとともに、相手の話す言葉を聞こうとする意欲や態度を育て、言葉に対する感覚や言葉で表現する力を養う観点を示したものである。ここでは、子どもの表現活動としての言葉の働きに重点を置き、子どもの内面を表現し、人間関係を構築するための手段としての話し言葉が自然に獲得できるよう考慮されている。これを受けて、言葉を使って表現し、考え、相手の言葉に耳を傾けようとする意欲や態度を育てること、さらに言葉のもつ美しさやおもしろさ、広がりや深さに対する感覚を養うことをねらいとしている。

第2節 乳児保育に関わる「ねらい」および「内容」

(1) ねらい

　2018（平成30）年4月施行の指針および教育・保育要領においては、3歳未満児の保育が「乳児」と「1歳以上3歳未満児」として分けられ、その記載も充実した。

　乳児保育については、新たに3つの視点が設けられた。そのなかで、領域「言葉」は「人間関係」とともに、社会的発達に関する視点である「身近な人と気持ちが通じ合う」で説明されている。そこでは、次の3つの「ねら

い」*¹が定められている。

> 安心できる関係の下で、身近な人と共に過ごす喜びを感じる。

　まだ話すことができない乳児が自身の欲求を泣くことで周囲に訴えると、保育者は共感的に応答する。このようなやり取りが繰り返されるなかで、乳児は自身の欲求が満たされるときは、いつも人の温かさがあることを感じていく。このような愛情豊かで受容的・応答的な関わりを通して形成される特定の保育者との愛着関係は、自分の気持ちを相手に表現しようとする意欲の土壌となる。

> 体の動きや表情、発声等により、保育士等*²・保育教諭等*³と気持ちを通わせようとする。

　乳児は相手に向かって手を伸ばしたり、顔を見て笑いかけたりと、体の動きや表情、発声や喃語等*⁴で周囲の大人に働きかける。保育者がこれらの欲求や気持ちに応答的に触れ合ったり、言葉を添えて関わったりすることにより、乳児は相手の言っていることを次第に理解するようになるとともに、自分でも言葉で伝えようという意欲を高めていく。

> 身近な人と親しみ、関わりを深め、愛情や信頼感が芽生える。

　日々の温かく丁寧な触れ合いを重ねるなかで、他者と一緒にいることに喜びを感じるようになった乳児は、身近な保育者に親しみをもち、気持ちをより通わせ、関わりを深めることを求めていく。こうして乳児期に特定の保育者との間に芽生えた愛情や信頼感は、人との関わりの世界を次第に広げていく基盤となるため、多くの園では担当制がとられている。

（2）内容

　上記の「ねらい」を達成するために、以下の「内容」*⁵に沿って保育活動を進めていくことが望ましいとされている。

---

*1　ねらい
保育活動を通して育みたい資質・能力（知識及び技能の基礎・思考力、判断力、表現力等の基礎・学びに向かう力、人間性等）を子どもの生活する姿から捉えたもの。

*2　保育士等
指針のみに記載されている。

*3　保育教諭等
教育・保育要領のみに記載されている。

*4　発声や喃語等
第3章第1節参照。

*5　内容
子どもの生活や状況に応じて保育者が援助することにより、子どもが自ら環境に関わり身につけていくことが望まれる事項。

第2章　領域「言葉」の「ねらい」および「内容」

> 子ども*6・園児*7からの働きかけ*8を踏まえた、応答的な触れ合いや言葉がけ*9によって、欲求が満たされ、安定感をもって過ごす。

　誕生間もない乳児は、人の声に最もよく反応する。保育者は乳児の姿に応え、ゆったりと笑顔で働きかけたり、触れ合ったり、乳児の声や行為に言葉を添えたりする。このように、保育者が乳児の多様な感情を受け止め、受容的・応答的に関わることにより、乳児は安定感をもって過ごすことができるようになる。

> 体の動きや表情、発声、喃語等を優しく受け止めてもらい、保育士等*10・保育教諭等*11とのやり取りを楽しむ。

　首がすわり、手足の動きが活発になると、乳児は相手をしてくれる保育者に対し、自分の意思や欲求を声や喃語、身振りなどで伝えようとする。このような乳児の姿から保育者は気持ちをくみ取り、応答的に関わる。このときに保育者が楽しい雰囲気のなかでの関わり合いを大切にすることにより、乳児は他者とのやり取りを楽しむようになる。

> 生活や遊びの中で、自分の身近な人の存在に気付き、親しみの気持ちを表す。

　生後6か月頃には、乳児は身近な人の顔が分かるようになり、自ら声を出して笑いかけるようになる。このように、特定の大人との愛着関係が育まれる一方、初めて会った人や知らない人に対しては人見知りをするようになる。また、乳児は特定の大人との安定した関係をもとにして、他の乳児に対しても関心をもつようになっていく。

> 保育士等*12・保育教諭等*13による語りかけ*14や歌いかけ*15、発声や喃語等への応答を通じて、言葉の理解や発語の意欲が育つ。

　乳児の言葉にならない思いを、保育者が発声や喃語などから読み取り、それを言葉に置き換えながら応答することで、乳児は自分の思いが受け止められる喜びや安心感、心地よさを感じる。このような体験を積み重ねるなかで、乳児には伝えたいという意欲が育っていく。また、乳児の言葉にならない思いの意味と保育者の音声とがつながり、乳児が言葉を理解することにもつな

*6　子ども
指針のみに記載されている。

*7　園児
教育・保育要領のみに記載されている。

*8　働きかけ
教育・保育要領では「働き掛け」。

*9　言葉がけ
教育・保育要領では「言葉掛け」。

*10　保育士等
指針のみに記載されている。

*11　保育教諭等
教育・保育要領のみに記載されている。

*12　保育士等
指針のみに記載されている。

*13　保育教諭等
教育・保育要領のみに記載されている。

*14　語りかけ
教育・保育要領では「語り掛け」。

*15　歌いかけ
教育・保育要領では「歌い掛け」。

がっていく。

> 温かく、受容的な関わりを通じて、自分を肯定する気持ちが芽生える。

　保育者が温かい雰囲気のなかで乳児の思いを受け止めるという関わりを重ねることで、乳児の心には自分を肯定する気持ちが芽生えていく。このように、自分の存在を無条件に認めてもらえる、またうまくいかない場合も支えてもらえるという安心できる関係のなかでこそ、乳児は自己を十分に発揮することができるようになるのである。

第3節　1歳以上3歳未満児の保育に関わる「ねらい」および「内容」

　2018（平成30）年4月施行の指針および教育・保育要領においては、1歳以上3歳未満児の記載も充実した。保育の「ねらい」および「内容」については、この時期の発達の特徴をふまえ、5領域[*16]にまとめられている。5領域は、子どもにとってふさわしい環境で生活をしていれば当然育つもの、育てるべきものとして、心情・意欲・態度の面からとらえられたものであり、子どもの生活全体、全人格的な発達を視野に入れて、他の領域との密接な関連のなかで次第に身につけることが望ましいとされている。そのなかでも、この時期は言葉の習得が大きく進む時期であることから、保育者は個々の発達の状況に応じて、遊びや関わりの工夫をすることが求められている。

　以下では、1歳以上3歳未満児の領域「言葉」の「ねらい」について詳しくみていくことにする。

*16　5領域
心身の健康に関する領域「健康」
人との関わりに関する領域「人間関係」
身近な環境との関わりに関する領域「環境」
言葉の獲得に関する領域「言葉」
感性と表現に関する領域「表現」

（1）ねらい

> 言葉遊びや言葉で表現する楽しさを感じる。

　個人差はあるが、子どもは1歳を過ぎる頃から、「ママ」「パパ」「ワンワン」「ブーブー」など、身近な人や動物、乗り物などを指す一語文を話しはじめる。もちろん、最初から正しい使い方ができるわけではないため、保育者は間違いをとがめたりせず、まずは子どもが言葉を使ってコミュニケーションをする楽しさを感じられるようにすることが大切である。また、保育者は絵本や詩、歌など、子どもが興味や関心をもって言葉に親しむことのできる環境を

整えることにより、言葉のもつ響きやリズムのおもしろさを味わえるようにしたい。

> 人の言葉や話などを聞き、自分でも思ったことを伝えようとする。

　子どもの言葉の発達のためにはコミュニケーションを取りたい相手がいることが大前提である。そのため、保育者が子どもの発する言葉に耳を傾け、応答的なやり取りを重ねていくことは、子どもが自分の気持ちを伝えようとする意欲を育むことにつながる。また、この時期の子どもは保育者の仲立ちに助けられながら、友だちとのやり取りを楽しむようになる。このように、日々の生活や遊びにおいて人との関わりが充実することにより、子どもの話すこと、聞くことへの意欲が高まっていく。

> 絵本や物語等に親しむとともに、言葉のやり取りを通じて身近な人と気持ちを通わせる。

　子どもは、絵本や物語などの話の展開や言葉の響きを友だちや保育者と一緒に楽しむ。また、ごっこ遊びなどのなかでも言葉のやり取りをする。このような経験を通して、言葉の意味する内容を理解するとともに、言葉を媒介にして他者と心を通わせる楽しさを味わう。たとえば、『ねないこだれだ』[17]の絵本を読む際、保育者が怖い声で問いかけると、子どもたちは怖がって逃げていく。これは「怖い」気持ちが通じ合っているからである。

[17] 『ねないこだれだ』せなけいこ作・絵　福音館書店　1969年

（2）内容

　上記の「ねらい」を達成するために、以下の「内容」に沿って保育活動を進めていくことが望ましいとされている。

> 保育士等[18]・保育教諭等[19]の応答的な関わりや話しかけ[20]により、自ら言葉を使おうとする。

　子どもの言葉は自分の欲求や気持ちを伝えたいと思う、信頼できる人の存在があってはじめて生まれる。保育者は子どもの表情や姿から、その場面に適した言葉をかけたり、子どもの発声を真似たりしながら、やり取りを楽しいものにしていく必要がある。このような応答的な関わりにより、子どもと

[18] 保育士等
指針のみに記載されている。

[19] 保育教諭等
教育・保育要領のみに記載されている。

[20] 話しかけ
教育・保育要領では「話し掛け」。

保育者との関係が深まり、言葉を使いたいという気持ちも高まるのである。

> 生活に必要な簡単な言葉に気付き、聞き分ける。

　子どもは集団生活を送るなかで生活に必要な言葉に出会う。さらに、これらの言葉の必要性に気づくことは、生活に見通しをもつことにもつながる。保育者は、子どもが生活のなかで使う言葉を十分に理解できるように、「散歩」「着替え」など、毎日繰り返し耳にする言葉の場面を丁寧に伝えるとともに、言葉によって人との関わりが豊かになるような経験ができるよう援助していくことが大切である。

> 親しみをもって日常の挨拶に応じる。

　集団生活においては、朝の挨拶や帰りの挨拶をはじめ、食事の際の挨拶やお礼の挨拶などが見られる。挨拶を交わすことで、互いの親しみが増し、共に過ごす生活が心地よいものにもなる。この時期の子どもは保育者や友だちとともに生活するなかで、繰り返し聞く挨拶の言葉を理解し、自分も応じようとするようになる。そのため、保育者は自ら率先して挨拶をする姿を示すことが大切である。

> 絵本や紙芝居を楽しみ、簡単な言葉を繰り返したり、模倣をしたりして遊ぶ。

　絵本や紙芝居は、子どもに新たな言葉との出会いを提供すると同時に、言葉の感覚や語彙を豊かにし、子どものイメージの世界を広げる。この時期の子どもは、言葉の意味を理解して楽しむというよりも、言葉そのものの音やリズムの響きがもつおもしろさを繰り返し楽しむ。さらに、登場人物の真似をしたり、身体で表現したりして遊ぶようになっていく。

*21　保育士等
指針のみに記載されている。

*22　保育教諭等
教育・保育要領のみに記載されている。

> 保育士等[21]・保育教諭等[22]とごっこ遊びをする中で、言葉のやり取りを楽しむ。

　子どもは自分の身体を使って身の回りのものと関わるなかで、さまざまな場面へとイメージを膨らませ、そのイメージしたものを遊具などで見立てて遊び、さらに簡単な役割のあるごっこ遊びを楽しむようになる。ごっこ遊び

のなかで、場面や役割に合わせた言葉のやり取りをすることは、子どもの言葉に対する感覚や語彙を豊かにすることにつながっていく。

> 保育士等[*23]・保育教諭等[*24]を仲立ちとして、生活や遊びの中で友達との言葉のやり取りを楽しむ。

[*23] 保育士等
指針のみに記載されている。

[*24] 保育教諭等
教育・保育要領のみに記載されている。

　この時期の子どもは、保育者に仲立ちしてもらいながら子ども同士の関わりを次第に楽しむようになる。保育者は子どもの気持ちを代弁したり、やり取りが発展するような応答をしたりと、子どもが自分の気持ちや経験を言語化する手助けをすることが大切である。そうすることで、子どもは言葉で思いをやり取りする喜びを経験するのである。

> 保育士等[*25]・保育教諭等[*26]や友達の言葉や話に興味や関心をもって、聞いたり、話したりする。

[*25] 保育士等
指針のみに記載されている。

[*26] 保育教諭等
教育・保育要領のみに記載されている。

　子どもにとって言葉を交わすことが楽しくうれしい経験であるためには、保育者や友だちとの間に安心して話せる雰囲気があることや、言葉を交わす相手への安心感、信頼感が必要である。このことを基盤として、子どもは保育者や友だちの話す言葉に興味や関心をもち、自分の思ったことや感じたことを言葉に表し、言葉のやりとりを楽しむようになる。

第4節　3歳以上児の保育に関わる「ねらい」および「内容」

　3歳以上児の保育に関わる「ねらい」および「内容」は、要領、指針および教育・保育要領ともおおむね共通の内容になっている。
　以下では、「ねらい」について詳しくみていくことにする。

(1) ねらい

> 自分の気持ちを言葉で表現する楽しさを味わう。

　自分の気持ちを言葉にするためには、まずは経験があること、さらに言葉をくみ取ってくれる存在が必要である。保育者が子どもの表情などから心情を読み取り、言葉に置き換えて伝えることで、子どもは気持ちを表す言葉を

獲得していくのである。

　子どもは、自分の経験や思いを誰かに伝えたいという欲求を強くもっている。保育者はその気持ちを十分に受け止め、明るい表情や優しい言葉で問い返すなどして、子どもが自分の気持ちを言葉で表現できる環境をつくるとともに、音声に表出されない言葉にも対応しなければならない。このように、保育者が子どもの話に耳を傾け、興味・関心を示すことにより、子どもは自分の気持ちを言葉で表現する楽しさを味わうようになる。

> 人の言葉や話などをよく聞き、自分の経験したことや考えたことを話し、伝え合う喜びを味わう。

　子どもは自分の話を聞いてもらうことにうれしさを感じ、自分も人の話をよく聞こうとする気持ちになる。そして、友だちの意見を聞いたり、自分の意見を伝えたりしていくなかで、保育者や友だちの話をもっと聞きたい、もっとわかりたい、自分の思いをもっと伝えたいといった気持ちになっていく。その際、保育者は子どもの話を引き出し、そのやり取りを援助していく必要がある。さらに、保育者は子どもに対して、話すことが楽しくなるような経験や話を聞きたくなるような経験が日常的にできる環境をつくることを意識し、話すことの楽しさや聞くことの大切さを学び取れるようにしたい。

> 日常生活に必要な言葉が分かるようになるとともに、絵本や物語などに親しみ、言葉に対する感覚を豊かにし、先生[*27]・保育士等[*28]・保育教諭等[*29]や友達と心を通わせる。

　集団生活を経験するうちに、子どもたちは日常生活に必要な言葉や友だちとのコミュニケーションに必要な言葉を理解していく。また、集団で絵本や物語を聞くことで、友だちと一緒にドキドキしたり、うれしくなったりする。このような体験から、子どもたちは言葉に対する感覚を豊かにしていく。

　子どもは周囲の人の話を聞きながら言葉を習得していくため、保育者は常に子どもの手本になるという意識が必要であるが、保育者の言葉だけでは限界もある。そこで有効なのが絵本や物語である。一般的に、絵本や物語は、子どもがはじめて出会う文学であり、芸術作品でもある。子どもは絵本や物語によって、言葉の世界を豊かにするとともに、共感し合えた子ども同士で心を通わせ合う経験をするのである。

*27　先生
要領のみに記載されている。

*28　保育士等
指針のみに記載されている。

*29　保育教諭等
教育・保育要領のみに記載されている。

（2）内容

上記の「ねらい」を達成するために、以下の「内容」に沿って保育活動を進めていくことが望ましいとされている。

> 先生[*30]・保育士等[*31]・保育教諭等[*32]や友達の言葉や話に興味や関心をもち、親しみをもって聞いたり、話したりする。

子どもが保育者や友だちなどと言葉を交わすためには、安心して話すことができる雰囲気や信頼関係が成立していることが重要である。このような言葉を話す基盤があることにより、子どもは保育者や友だちの言葉に興味・関心をもちながら、話を聞いたり、話したりするようになる。そのため、保育者は子どもの心と言葉が育ち、活発に会話ができるような環境を整えておく必要がある。

> したり、見たり、聞いたり、感じたり、考えたりなどしたことを自分なりに言葉で表現する。

子どもは生活のなかで心を動かされる体験をしたときに、それを伝えたい、聞いてほしいと感じる。その際に保育者が子どもの言葉を受け止め、理解・共感することで、子どもは言葉で表現する意欲を高めていく。しかし、言葉だけでは十分に表現できない子どもに対しては、保育者がその思いを受け止め、言葉で的確に表現していくことによって、言葉で伝える表現の仕方が学べるように配慮する必要がある。

> したいこと、してほしいことを言葉で表現したり、分からないことを尋ねたりする。

子どもは成長するにしたがって、自分のしたいことや相手にしてほしいことを言葉でどのように伝えるかを学び、また伝えることの大切さを理解していく。具体的には、友だちの遊びに「入れてほしい」、おもちゃを「貸してほしい」などの場面がある。さらに、わからないことを保育者や友だちに尋ね、教えてもらう場面もある。子どもは集団生活や保育者との関わりのなかで、相手にわかる言葉で自分の気持ちを表現して伝える必要があることを理解していくのである。

[*30] 先生
要領のみに記載されている。

[*31] 保育士等
指針のみに記載されている。

[*32] 保育教諭等
教育・保育要領のみに記載されている。

人の話を注意して聞き、相手に分かるように話す。

　集団生活においては、人の話を注意して聞いたり、相手にわかるように話したりする必要がある。子どもはこのような経験を積み重ねながら、相手の話に共感し、話を聞くことの重要性を理解していく。一方、自分の思っていること、感じていることが相手にうまく伝わらない場合もあるが、子どもは保育者などの話し方から、相手にわかるような話し方を学んでいくのである。

生活の中で必要な言葉が分かり、使う。

　子どもは生きるために必要な言葉をいち早く習得する。たとえば、集団生活のなかでは「先生」や「順番」などの言葉をまず覚えていく必要がある。このような集団での生活や遊びに必要な言葉を子どもが理解するためには、保育者は子どもが実際に行動するなかで、生活に必要な言葉に気づくように援助していかなければならない。生活のなかで必要な言葉がわかり、それを使うことによって、子どもの生活の幅や遊びも広がっていく。

親しみをもって日常の挨拶をする。

　挨拶は単なる形式的なマナーだけではなく、生活のけじめや仲間への呼びかけでもある。保育者は子どもに対して、心を込めて挨拶をする習慣を身につけるように伝える必要がある。子どもは保育者からの温かく優しい挨拶に心地よさを感じることにより、挨拶の大切さを知り、挨拶の習慣を身につけていく。その際、形だけの挨拶ではなく、心から挨拶が行われるように、保育者自身が見本となることが大切である。

生活の中で言葉の楽しさや美しさに気付く。

　生活のなかで言葉の響きやリズムなどの美しさに気づき、それを使う楽しさを味わうようになるには、乳幼児期に日本語のもつ豊かさやおもしろさに触れる経験をできるだけ多く与えることが大切である。そのために、保育者は言葉遊びを保育活動に取り入れるなど、子どもの言葉が自然に豊かになるような環境を整え、子どもたちの心身に「言葉」を染み込ませてほしい。その前提として、保育者自身が言葉の楽しさや美しさに気づく感性を養いたい

ものである。

> いろいろな体験を通じてイメージや言葉を豊かにする。

　子どもが成長していく過程においては、自分の感じたことや、思っていることをうまく表現できないこともある。しかし、さまざまな体験を重ねることによって、その体験がイメージとして心の中で蓄積され、それはやがて言葉の感覚の豊かさに結びついていく。そのため、保育者は子どもがさまざまな体験ができるよう関わっていく必要がある。

> 絵本や物語などに親しみ、興味をもって聞き、想像をする楽しさを味わう。

　子どもは、絵本や物語などで見たり、聞いたりした内容を自分の経験と結びつけながら、想像したり、表現したりする楽しさを味わう。特に、集団生活においては友だちとともに幅広い内容の絵本や物語、紙芝居などに親しみながら、登場人物になりきることで、自分の未知の世界に出会い、想像上の世界に思いを巡らせる経験を重ねていく。

> 日常生活の中で、文字などで伝える楽しさを味わう。

　子どもは日常生活のなかで多くの文字を目にするうちに、その役割に気づき、文字に対する興味・関心を持つようになる。さらに、自分が思ったことや考えたことを文字などで伝える喜びや楽しさを味わう経験をしていく。しかし、読み書きに対する関心や能力は個人差が大きいため、保育者は急いだり強制したりすることなく、子どもが文字を使う喜びを自然に味わうことができるよう配慮する必要がある。

第5節　幼児期の終わりまでに育ってほしい姿

　2018（平成30）年4月施行の要領、指針および教育・保育要領において新たに定められた「幼児期の終わりまでに育ってほしい姿」（健康な心と体、自立心、協同性、道徳性・規範意識の芽生え、社会生活との関わり、思考力の芽生え、自然との関わり・生命尊重、数量や図形、標識や文字などへの関心・感覚、言葉による伝え合い、豊かな感性と表現）は、「ねらい」および

「内容」に基づく保育活動全体を通して資質・能力が育まれている子どもの幼児期の終わりの具体的な姿を示したものである。しかし、達成すべき到達目標ではないことに注意する必要がある。

保育者は「幼児期の終わりまでに育ってほしい姿」を念頭に置き、一人ひとりが発達に必要な体験が得られるよう、考慮することが求められる。また、「幼児期の終わりまでに育ってほしい姿」は卒園を迎える年度の子どもに突然見られるようになるものではないため、どの時期においても子どもが発達していく方向を意識していく必要がある。さらに、この「幼児期の終わりまでに育ってほしい姿」を保育者と小学校教師が共有することによって、小学校教育との円滑な接続を図ることが求められている。

以下では「幼児期の終わりまでに育ってほしい姿」のなかで、主として領域「言葉」に関係のある2項目について述べる。

数量や図形、標識や文字などへの関心・感覚
　遊びや生活の中で、数量や図形、標識や文字などに親しむ体験を重ねたり、標識や文字の役割に気付いたりし、自らの必要感に基づきこれらを活用し、興味や関心、感覚をもつようになる。

子どもには遊びや生活のなかで、身近にある数字や文字に興味や関心をもったり、物を数えることを楽しんだりする場面が見られる。また、保育者や友だちと一緒に標識や文字などに触れ、親しむ体験を重ねていく。卒園を迎える年度の後半になると、それまでの体験をもとに、文字などの役割や必要性に気づいたり使ってみたりすることで興味や関心を深め、感覚が磨かれていく。たとえば、保育室の誕生日表には自分の名前や友だちの名前があり、黒板などには日づけや出席人数が数字で書かれている。子どもたちは自らが話す言葉が文字でも表すことができることに気づき、読み方を覚えたり、文字によって言葉を伝えたりすることを楽しむようになる。

保育者は、子どもが関心をもったことに存分に取り組めるような環境設定をするために、一人ひとりの興味や関心を把握したうえで、活動の広がりや深まりに応じて文字などに親しめるような工夫をすることが大切である。ただし、幼児期には文字などの正確な知識を獲得することが目的ではないことに留意する必要がある。

第2章 領域「言葉」の「ねらい」および「内容」

> 言葉による伝え合い
> 　先生*33・保育士等*34・保育教諭等*35や友達と心を通わせる中で、絵本や物語などに親しみながら、豊かな言葉や表現を身に付け、経験したことや考えたことなどを言葉で伝えたり、相手の話を注意して聞いたりし、言葉による伝え合いを楽しむようになる。

*33　先生
要領のみに記載されている。

*34　保育士等
指針のみに記載されている。

*35　保育教諭等
教育・保育要領のみに記載されている。

　子どもは自分の気持ちを伝え、それを保育者や友だちが聞いてくれるなかで、言葉のやり取りの楽しさを感じるとともに、相手の話を聞いて理解したり、共感したりするようにもなっていく。また、大人が話す言葉だけでなく、絵本や物語の言葉を聞くことにより、場面のなかでのふさわしい言葉の意味を理解し、語彙が増えていく。卒園を迎える年度の後半になると、伝える相手や状況に応じて、言葉の使い方や表現の仕方を変えるなど、工夫しながら言葉を伝えたり、相手の話を注意して聞いて理解したりと、言葉による伝え合いを楽しむようになる。

　保育者は、子どもが気軽に言葉を交わすことができる雰囲気や関係性のなかで、子どもが言葉で伝えたくなるような体験を重ね、相手の気持ちや行動を理解したいという必要性を感じられるような配慮をすることが大切である。また、子どもが絵本や物語の世界に浸ることで豊かな言葉や表現に触れたり、保育者自身がモデルとしての役割を果たしたりすることによって、子どもの言葉も感情の幅も広がっていくのである。

【参考文献】
文部科学省「幼稚園教育要領」2017年
厚生労働省「保育所保育指針」2017年
内閣府・文部科学省・厚生労働省「幼保連携型認定こども園教育・保育要領」2017年
内閣府・文部科学省・厚生労働省「幼保連携型認定こども園教育・保育要領　幼稚園教育要領　保育所保育指針　中央説明会資料」2017年
津金美智子編『平成29年版　新幼稚園教育要領ポイント総整理　幼稚園』東洋館出版社　2017年
無藤隆・汐見稔幸・砂上史子『ここがポイント！　3法令ガイドブック―新しい「幼稚園教育要領」「保育所保育指針」「幼保連携型認定こども園教育・保育要領」の理解のために―』フレーベル館　2017年
無藤隆監修『イラストたっぷりやさしく読み解く幼稚園教育要領ハンドブック　2017年告示版』学研教育みらい　2017年
汐見稔幸監修『イラストたっぷりやさしく読み解く保育所保育指針ハンドブック　2017年告示版』学研教育みらい　2017年
無藤隆監修『イラストたっぷりやさしく読み解く幼保連携型認定こども園教育・保育要領ハンドブック　2017年告示版』学研教育みらい　2017年

汐見稔幸『2017年告示 新指針・要領からのメッセージ―さあ、子どもたちの「未来」を話しませんか』小学館　2017年

第3章
子どもの言葉の発達

第1節 言葉のめばえ

(1) 言葉を育む環境—生後間もない乳児への声かけから—

　生後1歳頃まで、大人に意味が通じる単語を子どもが口にすることはほとんどない。しかし、保護者をはじめ周囲の大人たちは生後間もない乳児の泣き声に対しても、時間のタイミングや子どもの状態を手掛かりに「起きたねぇ」「お腹空いたねぇ」「オムツ濡れたかなぁ」と、その時々の状況に応じて子どもの気持ちを代弁するように優しく語りかける。このように乳児をあやすとき、人は自然に声を高くし、抑揚をつけて、テンポをゆっくり、優しく、短い言葉を繰り返し話す[*1]。実際、乳児は機械的な音よりも人の話し声を、低い男性の声よりも高い女性の声を、また、早口で抑揚の乏しい声よりもゆっくりとした抑揚のある声を好む。乳児の好む語り口を私たちは知らず知らずの間に文化的に受け継いでいるようである。それはおそらく他者が乳児にうまく関わる姿を見聞きした経験によるものであろう。私たちは言葉という文化的な道具を用いて他者とのコミュニケーションを行い、その道具を子どもの受け止めやすいような形に変換することで効率よく伝えていく。

　さらに保護者は、乳児を寝かしつけようと子守唄やわらべうたを歌い、乳児の機嫌のよいときもあやそうと声をかける。人はこのように人生の初期からたくさんの言葉のシャワーを浴びて育っていく。

(2) 言葉の発声訓練としての笑いと身体の動き

　生後2か月頃（6〜8週間）から、乳児の機嫌のよいときは「あー」「くー」などの声（＝cooing クーイング）が自然に出てくる。このとき、タイミングよく声をかけると声のやりとりが続くことがあり、まるで乳児とおしゃべ

*1
このような話し方はマザリーズ（育児語）と呼ばれている（第4章 p.56も参照）。

りをしているかのように見える。しかし、この「あー」と響く音声だけでは直接言葉に結びつかない。なぜなら、私たちの用いる単語（意味語）は複数の音節から成り、各音節が子音＋母音でできている、という２つの特徴をもつからだ。たとえば「くすり」という単語は「く・す・り」という３つの音節から成り、各音節はk＋uのように子音＋母音からできている。複数音節の発声のためには息を切って声を発することが必要であり、また、各音節に子音が伴うため、舌を複雑に操ることが必要である。この発話訓練の一環として、身体の動きを伴い、声をたてて笑うという行動がある。

　微笑は新生児にもみられるが、声をたてて笑うことができるようになるのは喉の形態が発達した４か月頃からである（図３－１）。いわゆる「のどちんこ」の奥に空洞ができてはじめて声帯の振動が声になるのである。この頃、子どもはまだ横になった姿勢であるが、「はっはっは」と笑うとき、足でリズミカルに宙を蹴る（写真３－１）。まるで呼吸の間隔を調整するために足でリズムを取っているかのようである。

　６～７か月で腰がすわり、おすわりができるようになると、両手を自由に使えるようになる。また身近な人の顔がわかるようになり、あやしてもらうと声をたてて笑いながら手を振り回したり、玩具（ガラガラなど）を床に叩きつけたりする。大人でも大笑いするときに「はっはっは」と笑いながらその発声にあわせリズミカルに手を叩くときがあるが、このようなことができるようになる６～８か月頃から、「あばばばば」「うぶぶぶぶ」などの前言語的音声（＝babbling 喃語）が出るようになる。喃語は「複数の音節から成り、各音節が母音＋子音でできている」という前述の単語の２つの特徴をもつことから、クーイングと異なり、言葉の種になると考えられる。

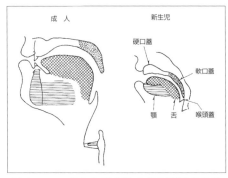

図３－１　成人と新生児の喉の形態の比較

出典　正高信男『子どもはことばをからだで覚える
　　　－メロディから意味の世界へ』中央公論新社
　　　2001年　p.70

写真３－１　笑いと足蹴り

第3章　子どもの言葉の発達

(3) 喃語が言葉になるまで—保護者の関わりと意味づけ—

あやすと手を叩き、声をたてて笑う乳児の姿（写真3-2）は、全身で喜びを表現するかのようであり、より人らしく、かわいく見えるため、保護者からの声かけも自然に増加する。その同じ時期の子どもの「まんまんまん…」という喃語に対して、保護者は子どもの表情や身振り、時間のタイミングや周囲の状況などから子どもの意図を読み取るかのように「お腹が空いたの？　まんま（ご飯）ね」「ママ？　すぐ行くね」と応答する。子ども

写真3-2　手を叩いて笑う

の意思や欲求が保護者に適切に伝わり、それが満たされることで、「まんまんまん…」という子どもの喃語は強化され、定着していく。子どもの声に大人が文化的に共有された言葉としての意味を重ねていくのである。定着した喃語は1歳〜1歳半頃にはじめて「まんま」「ママ」といった意味のある語（初語）になると考えられる。

このように、大人は子どもの反応に言葉とともに適切に応じ、子どもの発声にも言葉としての意味づけを行っていく。一方、子どもは自身の感情や身体感覚をとおして発声訓練を行い、大人の使う言葉とその発声をすり合わせ、言葉の意味を理解していく。

これまで、この発声と意味のつながりには必然性がないという考え方が一般的であった。たとえば同じ動物を日本語では「猫」と呼び、英語では「cat」と呼ぶ。しかし近年、発声と意味を結ぶものとして身体感覚の影響[*2]が指摘されている。「まんまんまん…」という喃語は「ママ」や「まんま」という言葉になると先に述べたが、これは単に大人がその意味で使うから、というわけではないのかもしれない。私たちが食べ物を口一杯にほおばるときをイメージしてほしい。「あむ」と、唇が閉じ息は鼻に抜けて、自然にmの音を発するのがわかるだろう。授乳の際、乳児もまたこのような口の動きを経験し、さらにそれとともに保護者に抱かれる安心感や、空腹から満たされる快の感情を味わう。人として誰しも経験するこれらの感覚もまた、「ママ」や「まんま」の意味に結びついていくと考えられるのである。

*2　身体感覚の影響
「ブーバ・キキ効果」と呼ばれる。たとえば、「でこぼこした丸みのあるアメーバのような形の図形◯」と「ギザギザの図形✦」を示し、どちらが「ブーバ」でどちらが「キキ」かを問うと、98％の人がギザギザが「キキ」だと答える。「キキ」という音を発する際の口腔筋の緊張と視覚的な「ギザギザ」が結びつくのだと考えられる（ラマチャンドラン.V.S. 2005）。

41

第2節　言葉による世界の意味づけ

（1）目に見えないものを他者と共有する―表象機能の発達―

　1歳を過ぎ、自分の意志に従って一人歩きができるようになると、子どもの世界も広がっていく。すべてが発見であり、興味の対象を「あっあっ」と言いながら指さし、大人に言葉を添えてもらうことでその対象と言葉とを一致させていく。また、ブロックを床に滑らせてバスに見立て、「つもり」の世界を楽しむなど、イメージの世界がふくらむ。このように見立て遊びを楽しむとき、子どもは目の前にはない実際のバスをイメージし、そのイメージ（表象）によってブロックを意味づけているのである。さらにこの3つの関係（三項関係）がブロックの代わりとして「バ・ス」という音声に置き換えられることで言葉になる（図3-2）。以下の例でまだ「バス」とは言えない子どもの指さしに、母親が言葉を添える様子を示す。

図3-2　三項関係と言葉の理解

事例1）　意図の共有を土台とした言葉の学習

> 　窓を指さして「だ！」というA児（男児・1歳）に、母親は「ん？」と窓の方に注意を向ける。家の外にはバス停があり、A児は日頃から母親とバスで近所に出かけることを楽しんでいた。2階の窓からバスの姿は見えないが、耳をすませた母親は、今まさにそこでバスの発着音が聞こえていたことに気づく。「バスだね。バスがいるね」と母親が言う。A児はにっこりと笑顔になった。

　母親とA児にはバスの姿が見えていない。しかし、A児の発話や指さしの意図は、日頃A児と経験をともにする母親により、A児の興味（バスで出かけることが好き）や周囲の状況（それまで気に留めていなかったバスのかす

かな発着音）などから理解された。2人がバスのイメージを共有し、子どもの気持ちにぴったりと合ったタイミングで母親から「バス」という言葉が発せられたことは、A児の満足そうな笑顔からうかがえる。このように自分の気持ちに寄り添い、興味を共有する大人の存在によって、子どもは言葉を理解し、学習していく。

（2）知っていることと結びつけて言葉の意味を理解する

1歳前後の初語の出現から1歳半頃まで、子どもは一語だけをさまざまな意味に用いるようになる。たとえば、「まんま」は「ごはん」という名詞としてだけではなく、「お腹が空いた」「早くごはんをちょうだい」「食べ物がなくなって困る」など、さまざまな意味に読み取れる。これは保護者等の大人にとって文のように理解されることから一語文と呼ばれる。大人は子どもの表情や身振りなどから感情的な要素も含め、その場で適切な意味を読み取り、対応していく。

また、1つの単語でさすものの範囲が大人の使い方とは異なっており、たとえば大人が犬をさしてしか「ワンワン」と言わなくても、その語を犬だけではなく牛や馬などの四足動物、鳥などを含め動物全般をさすのに用いる。子どもは「ワンワン」と言いながら鳩を追いかけ、鳩が頭上を飛んで逃げたことに驚いたり、「ワンワン」と呼んだ牛が「モー」と鳴いたことを面白がったりする具体的な経験を重ねていくことで、それらが「ワンワン」とは異なることに気づいていく。

2歳頃にかけて、「ワンワン、きた」のような二語文を用いるようになり、さらに複数の言葉がつながった多語文になってくる。子どもの方から「これは何？」と物の名前についてさかんに質問するようになり（写真3-3）、語彙[*3]が爆発的に増えていく。同じ質問を繰り返すことも多いが、これは同じ回答が得られることにより自分の知識を確認するためである。さらに、走る、跳ぶなどの基本的な運動機能の発達とともに、音楽に合わせて身体を動かすことや歌うことを好むようになる。0歳代での発声が身体のリズミカルな動きと関連していたことを考えると、歌に合わせて身体が動くのはむしろ自然なことなのだろう。この時

写真3-3　指さしと質問

*3　語彙
ある一つの言語体系で用いられる単語の総体のことをいう。言語体系をどの範囲に限定するかによって、内容が変わるが、ここではある個人という範囲に限定するため、その人の使う語の総量を表す。

期は言葉を「聞いて覚える」ことが中心である。大人のように文字でその音を確認したり、曖昧な言葉の意味を辞書で確認したりすることなく、次々に言葉を使っていくために、事例２）のような言い間違いが生じる。

事例２）　言い間違いは思考の結果

> 「どんぐりころころ」を「おじょうが出てきて、こんにちはー」と大きな声で歌うＡ児（２歳７か月）。母親は何気なく「お嬢なんだね」と言った。Ａ児はうなずいて、にこにこしている。父親が少しからかうように「おじょうって、何？」と言うと、Ａ児は笑顔で「おじょうさん。Ｂちゃん」と答えた。意外な答えに父親は目を丸くして「え?!　何？　なに？」と問う。Ａ児は少し恥ずかしげに目を伏せて、小さい声で「Ｂちゃん」と答えた。
>
> 後日、母親は保育所でたまたまＡ児と一緒にいる「Ｂちゃん」に出会った。先日のやりとりを笑いながら保育士に話すと、保育士は「そうなんです。うちのお嬢なんです」と答えた。聞けば、よくＡ児の相手をしてくれる年長組の優しいお姉さんで、保育士たちから「お嬢」と呼ばれているらしい。考えると、「どんぐりころころ…」の歌詞の「どじょう」は困ったどんぐりをあやしにやってくる。Ａ児がよく知らない「どじょう」をいつも優しく接してくれる大好きな「お嬢」と歌ったのは、単なる間違いではないのかもしれない。Ａ児は自分の経験と照らし合わせ、歌詞の意味を考えて歌っていたからこそ「おじょう」になっていたのだろう。笑ったことを反省した母親であった。

　このような間違いはよくあることで、「おはよう」が「あさよう」になっていたり（２歳１か月児）、「かけっこ」が「はしっこ」になっていたり（３歳２か月児）する。思わず笑ってしまうが、このような言い間違いから、子どもが言葉を学習するために自ら能動的に世界に関わっていることがわかる。子どもは外から聞こえた音声をオウムのようにそのまま覚えるのではない。子どもなりの少ない語彙のなかから意味を見つけ出そうと格闘し、自分のすでに知っている物事とその音声とを結びつけて言葉の意味を理解しようとするからこそ、違う言葉になってしまうのである。「朝の挨拶」と考えるから「朝よう」になり、「走る」という「かけっこ」の意味を思い浮かべるからこそ「走っこ」になってしまうのである。

先に述べたように、言葉を話しはじめたばかりの子どもは「ワンワン」という語を犬だけではなく牛や馬などの四足動物、鳥などにも当てはめて使うのであるが、このときも同じようなことが生じている。大人が犬にしか「ワンワン」と言わなくても、子どもは自分なりに「ワンワン」と言われた「犬」の特徴から何らかの意味を見出し、その言葉を類似した別のものにも当てはめていくのである。したがって時には『『白くふわふわした気持ち良いもの』*4として白い毛布」1)も「ワンワン」になることがある。私たちが外国語を学習するときは教科書や辞書を片手に一つひとつ単語の意味を確認し、音声と結びつけていくが、子どもが母国語を学ぶときにそのような過程はない*5。子どもは大人が言葉を使う場面を観察し、自分もまねして使ってみること、さらにそれに対する周囲の反応を確認することをとおしていつしか自在に使いこなせるようになる。その習得の過程から、言葉は「道具」の1つと考えることができる。私たちは自転車やはさみなどの道具の使い方を学ぶ際にもマニュアル本に頼ることなく、熟達者の使い方を観察し、実際に使ってみること、その反応を確かめること（たとえば、自転車は前に進むか、はさみで指を切ってはいないか）によって習熟していくのであり、その過程は言葉の習得についても同様なのである。

*4 岡本夏木によると、外界の事物は子どもにとって最初「快−不快」という感情を引き起こすもの（情動物）であり、次第に、行動を誘発する行動物、認識対象としての静観対象物となる。つまり子どもにとって言葉で表される対象は、大人が考えるような客観的な「物の名前」ではなく、子ども自身の感情的・行動的側面と結びついている。

*5 仮に大人が犬をさして「ワンワン」と教えてくれても、その意味する範囲までを一つひとつ教えてくれるわけではない。犬種によって外見が異なっても同じ「犬」であり、似たような毛色と大きさでも「猫」や「たぬき」など別の動物であったりする。

第3節　言葉による世界の秩序化

（1）コミュニケーションの道具から思考の道具への移行

　3歳を過ぎると、食事や排泄など生活面の自立が進み、基本的な運動能力が育ってくる。また、話し言葉の基礎ができ、身近な大人とのやり取りには困らないほどになる。「なぜ？」「どうして？」と盛んに質問するが、これは2歳代の「これは何？」と物の名前を聞くような質問とは異なる。たとえば、グラスの水をじっと見て「お水は何色？」と問い、その回答に対して「何で？」と問うのである。このような質問は子どもの知的関心が高まり、対象に関する知識を深めようとすることの表れである。質問への回答にさらに質問を重ねていくため、次第にその内容が深くなっていき、きちんと答えようとすると科学的な説明が必要になったり、実はよくわからないことだったりして、大人でも簡単には答えられない場合も多い。日本では小学生になる頃から質問行動が減少していくが、科学的・論理的思考を深めるためには「なぜ？」「どうして？」と問う姿勢が重要である。まだ小さいから、説明してもわからな

いからとごまかすのではなく、子どもの疑問を受け止め、子ども自身が回答を見出せるように促したり、できる限りわかりやすく説明したりして、丁寧に対応する姿勢が重要である。

さらに、この頃から子どもは、言葉を思考の道具としても用いるようになってくる。子どもが一人で遊んでいるときに何かぶつぶつ言っていることがあるが、このときの言葉は他者とのコミュニケーションのために発せられているのではない[*6]。たとえば、「絵を描いているのに必要な色鉛筆が足りない場合」[2)]など、課題が難しいときに独り言は多くなることから、子どもは思考を深めるために独り言を言っていると考えられる。独り言は5歳頃までに多くなり、6歳頃から減少していく。これも、6歳頃には声に出さずとも考えられるようになるためと考えられる。

私たちが一人考えるときには自己内でいわば一人二役の会話が行われているのであるが、独り言について詳しくみていくと、このような私たちの思考の原型となるのは、他者との言葉をとおした具体的なコミュニケーションであることがわかる。たとえば、A児は3歳時に一人で熱心にブロックを組み立てながら「これを…こうして、ここに、くっつけて…」と誰に発するでもなく、つぶやいていた（写真3－4）。写真のようなブロックでは凹凸をうまく組み合わせて立体の造形物をつくることができる。2歳で初めてブロックで遊んだとき、A児はこの仕組みを知らず、また、凹凸をうまく当てはめることも難しかった。それからしばらくは保護者が側について「これを、ここにくっつけるんだよ」と実際にブロックを手にA児の目の前で組み立てながら教えており、A児はそれを観察し、また自分でも試してみることを繰り返していた[*7]。この間、保護者の言葉は「どこに注意すればよいか」「次の手順は何か」といったそのやり取りにおける先導者としての役割も含めてA児に取り入れられ、A児が一人でブロックを組み立てる際の自己内対話のモデルとなっていったと考えられる。このように、子どものその時々の状況に応じて大人が適切な支援をすることによって、子どもは難しい課題を達成できるようになるだけでなく、思考を深め独力で世界を切り開いていくことができるようになるのである。

写真3－4　内言への移行

*6
他者とコミュニケーションする道具としての言葉を外言（第4章p.53参照）、思考の道具としての言葉を内言（第4章p.53参照）と呼ぶ。ヴィゴツキー（2001）によると、子どもの独り言は内言が獲得される過渡期に現れると考えられる。

*7
子どもが「独力で問題解決できる現在の発達水準」と、大人や能力の高い仲間などの「他者の援助があればできる潜在的な発達水準」との間隔を「発達の最近接領域」と呼ぶ。他者が言葉によって適切な足場をかけ、子どもがその言葉に従って自分の行為を修正しようと努力することで、子どもはこの潜在的な水準を達成できるようになる。

（2）感情や経験と結びついた「自分なりの表現」

　4～5歳になると基本的な生活習慣が身につき、生活に必要な行動のほとんどを一人でできるようになる。語彙が増加し、友だちと会話を楽しんだり、言葉を使って駆け引きしたりするようにもなる。一方で、その言葉は子ども自身の感情や具体的な経験と密接に結びついた「自分なりの表現」でもある。そのため、意味のとらえ方が個人間で異なり、コミュニケーションがうまくいかない場合もあるが、子ども同士で共有する感情や経験をふまえた場合、その言葉はありきたりの表現を越えてより多くを伝えることができる。以下の例では、子どもの一言が周囲の多くの子どもたちの態度を一瞬で変える力をもっていることがわかる。

事例3）「手裏剣」ならば「かっこいい」：感情と経験を含めた言葉の理解

> 　5歳児の水泳の時間。男性の運動あそび担当の保育者がわんぱくなC児の手足をつかみ、ひょいとプールに投げた。C児は大の字になり回転しながら水面に落ちた。まわりにいた子どもたちは一瞬動きを止め呆然と見つめた（この手荒な遊びに観察者は一瞬戸惑いを感じた。おそらく子どもたちもその遊びをどうとらえてよいのかわからず困惑したことだろう）。しかし、日頃おとなしく、そのような遊びを好みそうにないD児だけは目を輝かせ、力強い口調で「なんか、手裏剣みたい！」と叫んだ。その瞬間、みながどっと走り出し「自分にもして！」と保育者にすがりついた。その様子を見てD児自身も遅れまいと走り出した。[3]

　この時期、折り紙で「手裏剣」をつくって遊ぶことが5歳児クラスで流行していたため、D児には大の字になって回転するC児の様子が「手裏剣」と重なってみえたのだろう。では、なぜ「手裏剣」の一言が周囲の子どもたちの戸惑いを一瞬で払拭し、その手荒な遊びに向かうという態度の変化をもたらしたのだろうか。それは手裏剣で遊んだこと、そのときの楽しかった気持ちというクラスの全員に共通の感情や経験が「手裏剣」という比喩[*8]を理解する基盤となり、「かっこいいもの」「楽しいもの」という「手裏剣」に対するものの見方でその手荒な遊びが意味づけられたためであると考えられる。

　このように子どもの言葉には、大人が言葉を使用する場合と異なり、「今・ここ」における子ども自身の感情や個人的な経験が多分に込められている。

*8
「○○みたい」「○○のような」などと、ある物事を別の物事でたとえる表現。言葉のあやとされてきたが、言語学者のレイコフらにより比喩は人間の思考体系を表す言葉と考えられるようになった。

したがって、逆に子どもが他者の言葉を理解する際にも、子どもが身体を動かし、登場人物の気持ちになりきることが有効であることが明らかにされている。筆者らは4～5歳児を対象に、「花子ちゃんはアリみたい」（＝「頑張り屋」「働き者」）といった「心的特性を表す比喩の理解」[4]について検討した。その結果、子どもがごっこ遊びをすることで登場人物の気持ちや身体の動きを経験した場合は、単に物語を聞いたり、人形を使ってごっこ遊びをしたりする場合よりも比喩を適切に理解することが示された。大人が想像する以上に言葉のみから情報を得ることは、子どもにとっては難しいようである。しかし、それと同じ情報でも、子ども自身の気持ちや身体の動きを伴うことで理解が促進されることがこの結果からわかる。

　これをふまえると、保育のなかで子どもにさまざまな気持ちや経験を味わう機会を設けたり、その経験をふまえてタイミングよく絵本を選んだり、絵本を劇遊びに結びつけたりする方法の有用性がわかるだろう。実感を伴う理解のことを「腑に落ちる」というが、私たちはまさに自分自身の気持ちや身体感覚をもとに、言葉をとおして物事を理解し、思考を深め、世界を秩序立てていくのである。小学校からの学校教育のなかでは、誰にでも共通して誤解なく伝わるような言葉の使用が強調されていく[*9]。それは子どもの世界が広がり、より多くの人との意思の疎通を行うために大切なことである。しかし、子どもが言葉を話し出し、その言葉が大人の用いるものに近づいていく過程で失われていくものもある。そこに想いをはせるとき、「より早く」「より多く」「正確に」言葉を覚えるというものさしだけが重要なのではなく、そのものさしでは測れない「意味」や「価値」もあることに気づくことができよう。子どもの言葉に耳を傾けるとき、通常用いられるような一般的な意味だけでなく、子どもがその言葉に込めた気持ちや個人的な経験まで含めて読み取る姿勢が重要である。

*9
幼児期の言葉は具体的な生活の場のなかで、家族や友だちなど親しい人とのやり取りをとおして習得していくものであるため、それらの親しい人に意味が通じるものであればよい（一次的言葉）。しかし、小学校に入学すると「学習」という形で、読み書きや大勢の前で発表することを学んでいく。このため、個人的な言葉の使い方を離れ、辞書的な使い方を習得していく（二次的言葉）。

第4節　言葉とはどのようなものだろう？

　前節までに子どもの発達過程とそれに伴う言葉の変化を概観した。本章では、言葉が子ども自身の感情や身体感覚と密接に結びついていることを強調したが、このような特徴は何も子どもの言葉に限られたものではない。「今・ここ」に根ざした感情や身体感覚といったものは言葉の習熟によって大人にあまり意識されないだけで、むしろここであげた特徴こそが言葉の本質なのではないだろうか。

第3章　子どもの言葉の発達

　言語学者のレイコフ（Lakoff, G.）は、たとえば「人生は旅である」といった文学的な比喩の理解にも、私たちが人として共有する「身体的な経験」[5]が基盤となっていることを指摘している。「人生」という難しい概念も具体的な「旅」と重ねて考えることで理解しやすくなるが、さらにその理解のもととなるのは、たとえばハイハイで母親の所まで移動し、そこで玩具をつかんで目的を達成するといった人生の初期からの身体的経験である。

　また、発達心理学の分野では「身体運動的発達は認知的発達と絡み合いながら感情の発達に影響を及ぼす」[6]ことが指摘されている。たとえば「怖さ」という感情が表れるためには、深さや高さを知覚する認知能力とともに、はうという身体運動能力の発達やそれに伴い転ぶ、深みにはまるなどといったさまざまな出来事を経験することが結びついているという。

　これらをふまえると、「人生は旅である」という比喩に含まれる感情的な側面、たとえば「喜びとともに困難も待ち受けている」ということまでを私たちが理解できることの背景には、ハイハイで目的地にたどり着き玩具をつかむまでの間にわくわくしたり、障害物にぶつかり痛くて泣いたりすることなどといった誰しもが共通して経験するような身体的経験や、そこで引き出された感情という要素が含まれていると考えられる（写真3－5）。言葉の獲得とは、単に単語の数が増えたり、文法的な知識が増えたりすることではない。自らの身体をとおして世界を知り、感情で色を塗り、他者の声に自分なりの意味を見出すことによって、自分を取り巻く世界に対する認識（ものの見方）を変えていくことである。子どもの日々の些細な経験から、いつしか文学的な表現を味わう力が育ってくる。保育の営みはその支援をも含んでいる。子どもの言葉に耳を傾けながら、「言葉とは？」「意味とは？」と興味を広げ、考えを深めていく姿勢が大切である。

写真3－5　人生は旅である

【引用文献】
1) 岡本夏木　『子どもとことば』　岩波書店　1982年　p.140
2) ヴィゴツキー（柴田義松訳）『思考と言語』　新読書社　2001年　pp.58-59
3) 宮里 香・丸野俊一　「保育実践場面で観察される比喩を用いたコミュニケーション：その場で何が生じているのか？」『九州大学心理学研究』10巻　九州大学　2009年　pp.49-53

4）宮里香・丸野俊一・堀憲一郎 「他者とのやりとりに伴う身体運動感覚は幼児の比喩理解を促進するか」『発達心理学研究』 21巻1号 2010年 pp.106-117
5）ジョージ・レイコフ（池上嘉彦・河上誓作訳） 『認知意味論－言語から見た人間の心』紀伊國屋書店 1993年 pp.335-337
6）遠藤利彦 「情動とその制御」『現代発達心理学入門』ミネルヴァ書房 1993年 pp.82-98

【参考文献】
正高信男 『子どもはことばをからだで覚える－メロディから意味の世界へ』 中央公論新社 2001年
ラマチャンドラン,V.S.（山下篤子訳） 『脳の中の幽霊、ふたたび－見えてきた心のしくみ』 角川書店 2005年
Wertsch,J.V., NcNamee,G.D., McLane, J.B., and Budwig, N.A.「The Adult-Child Dyad as a Problem-solving System」『Child Development』51巻 1980年

第4章
子どもの言葉と環境

第1節　子どもの言葉が育つ環境とは

(1) 発達初期の養育環境の重要性

　みなさんは、「野生児」という言葉を聞いたことがあるだろうか。何らかの原因により、幼い時期から相当の期間にわたって人間的な環境を奪われ、野生生活を送った子どものことを「野生児（feral child）」という。原野や森に迷い込んだり遺棄されたりした結果、人間との接触なしに自力で野生生活を送ったケースや、おおかみなどの動物に育てられたケースなど、野生児の事例はこれまで世界各地で多数報告されている。このように、人間的な養育環境が与えられなかったり奪われたりした子どもが、何年も放置されたままの状態に置かれるということは、本来あってはならないことである。しかし、そうした悲惨な事例によって、私たちは図らずも人の発達の初期における養育環境、特に人間的な養育環境の重要性について、多くのことを教えられるのである。

① 日本の養育放棄の事例[1]

　日本においても、養育放棄の事例が報告されている。1972（昭和47）年、当時満6歳と5歳の姉と弟が、戸外の小屋に放置されているのが発見された。救出時の2人の状態は、「2人とも身長80cm、体重8kg、歩行はできずいざり（すわったままで進む）[著者注]歩き、発語は姉が数語程度を持っていたが、弟はまったくなく、心身ともに満1歳かそれをやや上回る程度にすぎなかった。（中略）前例を見ないほどの極度の発達遅滞（発達上の遅れや障がい）[著者注]状態にあった」[2]。

　保護された姉弟は、本来乳児を養護する乳児院[*1]に入ることになった。そして、乳児院に収容された後は、担当保育者の手厚い養育により、2人は急激な成長を示し、奇跡的に順調な回復を遂げていった。専門医の診断では、

*1　乳児院
児童福祉施設の1つで、保護を要する乳児（1歳未満）を入所させて養育することを主な目的としている。児童福祉法第37条に規定されており、現在は特に必要がある場合には、小学校入学前までの幼児の入所が可能となっている。

2人に遺伝的または生まれつきの異常は認められず、極度の発達遅滞は、環境的原因によるものであることが明らかになった。この場合の環境的原因とは、「大人との社会的接触の欠如、それに代わる2〜3歳年長の姉2人による不完全な養育、感覚的刺激から文化的刺激（本やテレビなど）に至るまでの環境刺激の欠如、栄養不給などの総合されたもの」[3]であり、それが極度の発達遅滞をもたらしたと考えられている。

　姉弟のその後については、幸いなことに姉は高校卒業後、就職し結婚して子どもも生まれ、現在は幸せな家庭を築いているという。弟も高校を卒業し、就職し結婚して社会人としての生活を送っていると報告されている。

② 愛着[*2]関係と言語発達

　救出前の姉弟の言葉の環境は、ほぼ完全に大人の言語環境から切り離された状態にあったようで、極めて貧しいものであったことがわかっている。

　ところで、姉弟の言語発達について、育った環境に関しては同じ条件下にあったと思われるが、弟の方に言語発達の遅れの傾向が強かったという。改めて姉弟の救出後の養育状況をみてみると、そこには重要な違いが見出せる。

　発見当初から姉は自発語（自分から話す言葉）を数語もっていたが、弟は皆無で、もともとの2人の言語遅滞に差があったが、乳児院に入所後の2人について、その差は急激に広がったという。2か月の間に、姉は3〜4語文を話すようになっていたのに対して、弟の発話は聞き取りの困難な2語文で、それも自発語はほとんどなく、多くは大人の発話の遅延模倣（時間をおいての大人の発語の繰り返し）だった。

　その間の2人の生活の様子をみてみると、姉は、はじめから担当保育者によくなつき、その保育者の後を追って離れなくなった。これに対して弟は、担当のベテラン保育者の努力にもかかわらず、なつくことができなかった。これには弟のもつ自閉症[*3]的な傾向や保育者との相性の悪さという条件が重なったと考えられている。姉弟の言語発達の差が、性差や1年の年齢の差によるものかどうかは断定できないというが、少なくとも乳児院入所直後の時期については、担当保育者との愛着関係の強さの差が、2人の言語発達に表れていることが推測できる。姉の場合は、通常の母子関係で日常的にみられるようなコミュニケーションのやり取りがみられたが、弟については、当初そのような機会をもたない状況で過ごすことになってしまったのである。

③ 初期の養育環境とその後の言語発達

　2人の言語発達の差はますます大きくなっていったため、救出の5か月後には担当保育者が交代し、1人のベテラン保育者が姉弟を一緒に担当することになった。幸いにも新しい保育者には弟もすぐになつき、それと同時に弟

[*2] 愛着（attachment）
イギリスの精神分析家ボウルビィ（Bowlby, J.）による用語。人が特定の他者に対してもつ情愛的なきずなのこと。ボウルビィは、子どもには他者との結びつきを求める行動システムが生まれつき備わっており、特定の他者からタイミングよく、快適に応答されることが繰り返されることにより、情緒的なきずな（愛着）が形成されると考えた。第12章p.159も参照。

[*3] 自閉症
幼児期に発症する発達障がい。対人関係の困難、言語発達の異常、特定の状態や物へのこだわりなどを示す。

のめざましい言語発達がみられた。

　その後、言葉の面で、日常的なコミュニケーションに関しては、2人はほぼ完全な言語獲得を達成したという。ただし、2人の言語発達を詳細にみてみると、問題点も存在していたようだ。たとえば、2人とも手紙を書くのが苦手で、特にその傾向が強いのが弟であった。書き言葉にわずかながら問題が残ったのである。

　話し言葉（コミュニケーション）においては、相手の表情や身振りなど、その場の状況から得られる手がかりがあり、言葉の理解や表現が完全でなくても、ある程度目的を達することができる。一方、書き言葉については、状況に関係のない言葉の構成や表現の力に頼らなければならない。旧ソビエト連邦の心理学者ヴィゴツキー（Vygotsky, L. S.）は、コミュニケーションの用具としての言語を「外言」*4、思考の用具としての言語を「内言」*5と呼んだが、姉弟の言語能力は、「外言としてはほぼ完全な獲得に達したが、内言としては不十分な点を残す」4)と報告されている。

（2）応答的環境と愛着関係

　（1）で紹介した姉弟の事例は、養育放棄の一つの事例であり、個々の事例に特別な要因があることは否定できない。しかしながら、子どもの言葉が育つ環境について、改めてこの事例から学ぶことは多い。

　子どもの成長・発達にとって初期の養育環境の重要性がクローズアップされることになったきっかけは、20世紀初めに大きな社会的問題となったホスピタリズム（hospitalism）*6である。施設で養育される乳児の死亡率が高いことが指摘され、それらの乳児の示す心身の発達不全、また成長を遂げた後も、さまざまな対人関係の障がいが表れることが報告されたのである。

　その後の研究で、ホスピタリズムの原因については、施設環境そのものに原因があるのではなく、機械的な授乳やオムツ替えの問題など、母性的な養育の欠如が施設児の心身に悪影響を及ぼしていることが明らかになり、マターナル・デプリベーション（maternal deprivation）*7という用語が使われるようになった。特に言語発達の遅れは深刻とされ、人的な養育環境が言語発達に大きな影響を与えることが示唆された。先の姉弟の事例も、マターナル・デプリベーションの顕著な事例といえるだろう。

　現在では、施設でもさまざまな環境改善が進み、特に乳児院では、担当する保育者を固定して少数の乳児の保育を行う担当保育者制により、親密な愛着関係を保障する努力がなされている。そして、予防衛生や物的環境の改善

*4　外言
　（external speech）
　通常の音声を伴う発話のことで、伝達機能が優位である。

*5　内言
　（internal speech）
　音声を伴わない、心のなかの発話で、思考や意味処理の機能が優位である。

*6　ホスピタリズム
　（hospitalism）
　施設病とも呼ばれる。施設に長期間収容され養育された乳児の示す特有の症状のことで、言語発達を含む心身の発達の遅れ、食欲不振、無気力、無表情、情緒不安定、依存性などの傾向が報告された。その後の研究で、施設児であっても母親代理になる人の個別的な愛情あふれる関わりがあれば、ホスピタリズムがみられないことが明らかにされた。

*7　マターナル・デプリベーション
　（maternal deprivation）
　母性剥奪。母親あるいはそれに代わる人物からの世話やそれに伴う情愛的刺激を発達初期において子どもが喪失した状態のこと。それによって子どもに生じる心身の発育・発達上のさまざまな障がいをも意味する。母性剥奪としてはじめて体系化したのは、愛着理論で知られるボウルビィ（Bowlby, J.）であり、それにより保育のあり方が大きく影響を受けた。

もあり、「近年の日本の乳児院では死亡率は一般家庭児を下回るまでに至った」[5]。同時に発達遅滞の症状もなくなったというが、しかし、言語の発達の遅れだけは問題として残っているという。

　このことは、言葉の獲得において、一人ひとりの子どもに対して応答的（自由な探索活動が保障され、それに対してすぐに反応がある）環境、特に人による応答的な関わりが保障されることが極めて重要であることを示しているともいえるだろう。なぜならば、施設の環境では、子ども一人ひとりの立場からみると、一般家庭に比べて日常的な大人とのやり取りがどうしても少なくなってしまうと考えられるからである。つまり、新しい体験に出会い、そこに立ち会う大人に自然に言葉を訂正してもらったり、言葉をいろいろ試したりする機会が少ない環境にあるため、大人による応答的な関わりが必要になってくるのである。いうまでもなく、応答的な環境の要となる特定の保育者との親密な愛着関係の成立は、言語獲得のための重要な条件の1つである。その意味で、特に乳児期の子どもの保育で、担当保育者制の必要性が強調されるのも納得できる。

第2節　話し言葉と環境

（1）話し言葉からはじまる言葉の理解と表現

　一般に私たちの言語活動は、言葉の理解（入力）と表現（出力）とに分けて考えることができる（図4-1）。言葉の理解（入力）には、聞くこと・読むことがあり、言葉の表現（出力）には、話すこと・書くことがある。また、音声を媒体とする話し言葉では、聞くこと・話すことが、文字を媒体と

図4-1　言葉の理解と表現の関係

出典　岡田明編『新保育内容シリーズ <改訂>子どもと言葉』萌文書林　2000年　p.10を一部改変

する書き言葉では、読むこと・書くことがそれぞれ理解（入力）と表現（出力）に対置されることになる。

　言葉の獲得の過程では、乳児期にはまず聞くことが中心となるが、乳児自らも発声し、やがて意味のある言葉に気づき、自らそれを発音し話すことができるようになっていく。幼児期になると、幼児は人の話を聞き理解し、自分の思いや考えを言葉にして人に伝えることができるようになる。そして幼児期後半には、言葉の音節に対する文字に気づき、それがわかるようになると、文字を覚えて読むようになり、さらに書いて示そうとするようになる。

　このように乳幼児期は、まずは話し言葉の理解と表現の力が身についていく時期といえる。

（2）環境としての保育者

① 愛着関係を基盤として

　日々子どもとともに生活する保育者の存在は、子どもの言葉の獲得も含め、その成長・発達に大きな影響力をもっている。乳児期の子どもにとって、自分を受けとめてくれる人の存在はとりわけ重要である。まだ言葉にはならない乳児の欲求や感情を、表情や身体の動き、発声などから敏感に感じ取り、応答してくれる人がいることが乳児にとっては情緒的な安定につながる。応答的環境と愛着関係の重要性については第1節でも述べたが、子どもが幼いほど、養育・保育にあたる人の存在は大きく、さまざまな要求や感情に対して応答的な関わりをしてくれる特定の人との愛着関係（基本的信頼関係）が不可欠である。愛着の対象となる人との情緒的な交流をとおして、子どもは人と通じあう体験を、喜びをもって積み重ねていくことができる。そして、この愛着関係を基盤としながら、生きた言葉の獲得もなされるのである。

　幼児期になれば、保育者はさまざまな場面で、言葉を介して子どもに伝えていかなければならないことがある。「しつけ」と呼ばれる営みである。子どもにとっては決して楽しいことばかりではないその内容が子どもに伝わるのは、やはり保育者と子どもとの間に愛着関係がしっかりと結ばれているからである。保育者が子どもに対して多少厳しいことをいう場面であっても、保育者の子どもに対する愛情は変わらない。そのことをよく理解しているからこそ、子どもは腹が立ったり嫌なことであっても保育者のいうことに耳を傾けるのである。子どもにとって特別な存在である保育者の言葉の重みを、まず十分に認識しておきたい。

② 「育児語」と保育者の言葉かけ

　言葉を獲得しつつある幼い子どもに話しかける大人の言葉を調べてみると、声の調子が高くなり、イントネーションが大げさになり、発話がゆっくりになるなど、大人同士の会話とは明らかに異なる特徴が認められる。それは「育児語」と呼ばれ、およそ世界中でみられ、その特徴も共通しているという。そして一方では、すでに「新生児が育児語を大人向けの通常の発話と区別して知覚していることも、報告されている」[6]。

　驚くことに、子どもが言葉を獲得していくうえで、育児語はその手がかりとなるような特徴を兼ね備えている。早くから育児語の存在に注目していた村田孝次によると、育児語の特徴は次の6つに要約されるという[7]。

---

1. おとなにさし向けられる発話よりもはるかに単純である。
2. おとなにさし向けられる発話よりもはるかに文法にかなっている。
3. 高度に冗長な形式をとる。
4. 語句や文全体を反復し、先行の文や語をパラフレーズ[*8]する。
5. 限定された文型を頻繁に、かつ反復使用する。
6. 子ども自身の言語能力水準によく適合している。

---

*8　パラフレーズ
　　(paraphrase)
意味内容を変えずに、難しい表現を易しく言いなおすこと。

　育児語で話しかける保育者は、図4-2に示されるように、自らが子どもの水準に近づき、対等な関係に立ってコミュニケーションを図ろうとし、子どもと同じ言葉を使って、それを反復したり、補ったり、新しい言葉を加えたり、置きかえたりする。そのような言葉かけが、子どもの保育者に対する模倣や同一視[*9]を容易にし、言葉の意味や使い方の理解を確かなものにしていく。

*9　同一視
他者と同一になろうとすることで、他者のもつ特性や力を取り入れようとすること。人が成長し社会化していく過程では、親、年上のきょうだい、友だち、先輩、保育者、教師などとの同一視が大きな役割を果たす。

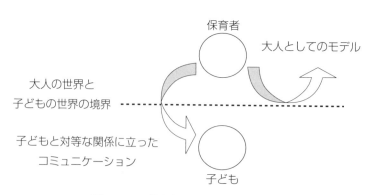

図4-2　保育者の関わりと言葉かけ

このように、保育者は子どもとの親密な関わりによってコミュニケーションを促進しながら、一方では、大人同士の会話や大人の立場での子どもへの対応など、日常的に大人としてのモデルを示すことにより、子どもの言葉の獲得やその発達にも影響を与えている。言葉の使い方はもちろん、物事のとらえ方、言葉に対する感性や受け止め方などを、子どもは日々大人から、とりわけ保育者から学んでいる。

（3） 環境としての仲間と集団生活

子どもがはじめて家族から離れ、親以外の保育者や仲間と過ごす幼稚園や保育所などでの集団生活ついて、言葉の獲得の面からその意義を考えてみよう。

保育者は、子どもにわかりやすく話をするが、言葉を獲得しつつある子ども同士では、まだうまくお互いの思いが伝わらないこともある。まずは保育者が仲立ちとなって、子どもの思いを言葉にして他の子どもに伝える。そうすることで子どもは当事者として、またそこに居合わせた者として、集団生活のなかのさまざまな場面から言葉で表現する方法を学んでいく。

保育者に支えられながら仲間との親しい関係ができてくると、子ども同士で共感し合う経験も多くなる。言葉にしなくても思いを共有し合うことができる仲間との楽しい経験は、子どもにとってかけがえのないものである。また発達段階が近い仲間の言葉は、大人の言葉よりもわかりやすく、概念化を助ける場合も多い。仲間との心を動かす豊かな生活経験が、子どもの表現したい気持ちを刺激し、話す意欲を高める。

保育者が使う言葉のなかには、子どもが知らない言葉や理解できない言葉が含まれることがあるかもしれない。たとえば、「先生」「組」「みんな」「順番」「交替」「当番」などは、集団保育の場で子どもがはじめて耳にする言葉であろう。子どもは、毎日の生活のなかで、同じような状況で同じような言葉や表現を繰り返し耳にすることで、次第にその意味を理解していく。保育者としても、難しい言葉を一切使わないということではなく、言い換え（パラフレーズ）をしたり、繰り返し使うことで、子どもたちはその場の状況や文脈から自然に学ぶことができる。こうした保育者による意識的な言葉かけや配慮によっても、集団生活は子どもたちにとって、語彙が増えたり、物事の理解が広がる場となるのである。

第3節　読み・書き言葉と環境

(1) 幼児期における書き言葉

　前節では、乳幼児期はまず話し言葉の理解と表現が身につく時期と述べたが、幼児期も後半になると、子どもたちは文字や書き言葉に対する関心や理解も示すようになる。

　幼稚園教育要領や保育所保育指針、幼保連携型認定こども園教育・保育要領をみると、3歳以上児の領域「言葉」の内容として、「日常生活の中で、文字などで伝える楽しさを味わう」という項目が最後に置かれている。しかし、これは幼児期における系統的な文字指導や文字の習得をめざすという意味ではない。文字に関する系統的な指導や国語教育は小学校に入学してから行われるものであり、就学前の幼児教育においては、文字についての直接的な指導というよりは、一人ひとりの子どもの文字に対する興味や関心に合わせ、日常の遊びや生活のなかで、記号としての文字の意味や機能に気づいていくことを重視した無理のない働きかけを意図している。幼児期では、文字が読めたり書けたりすることよりも、あくまでも楽しく話ができたり、話を聞くことができるようになることがより期待されることなのである。

(2) 文字の認識と言葉遊び

　子どもの文字や書き言葉に対する関心や理解は、話し言葉の理解と密接に関わっている。文字への理解の第一歩は、言葉の個々の音節を分離・抽出することである。文字を「読む」ことは、音節と文字の結びつきに子どもが気づき、認識することからはじまる。

　自分の名前が読めるようになると、自分の名前に含まれる文字を身のまわりの環境からみつけて、読むようになる。たとえば、「あや」ちゃんの「あ」が「ア」という音を表し、「あめ」という言葉にも含まれていることを発見する。このような気づきが、文字を取り込み理解していくきっかけとなっていく。

　また、「しりとり」「頭字集め（たとえば、「あ」のつく言葉さがし）」「さかさ言葉（上から読んでも下から読んでも同じ言葉は？）」などの言葉遊びは、子どもが言葉の音節を分離・抽出することを促す。またカルタは、文字を読む子どもと絵を読む子どもがともに楽しめるすぐれた言葉遊びである。この

ような遊びに楽しんで取り組むことで、子どもたちは自然に無理なく文字や書き言葉への興味・関心を高めていく。

(3) 保育現場の文字環境

子どもには個人差があるので、同じ年齢の子どもでも文字に強い関心を示す子どももいれば、全く関心を示さない子どももいる。日常的な環境や保育者が用意する教材、文字に関心のある仲間の影響などで、徐々に興味をもつようになる子どももいるだろう。保育者は、一人ひとりの子どもの発達段階や特徴をよく理解する必要がある。そして、保育環境のなかで、子どもの名前やクラス名の標示、カレンダーなど、文字の書かれたものが自然に目に入り、それを保育者が意識的に使ってみせることも、子どもにとってはよい刺激となるだろう。保育室に、ひらがな表を貼っておくと、興味をもった子どもがその前に立ってじっと見ていたりする。遊具では、片面がひらがなで裏面がその字ではじまるものの絵になっている「ひらがな積み木」は、文字遊びだけではなく、積み木として使っても楽しい。先にあげたカルタやトランプも遊びで使われる。また、七夕の笹飾りで短冊に願いごとを書く、郵便屋さんごっこで手紙を書く、年賀状を出すというような経験（実際は大人に書いてもらったり、絵を描くかもしれないが）から、文字を書くことの意味がとらえられてくると、その有効性や必要性も理解できるようになり、自らも文字を書いてみようとするだろう。

(4) 絵本を読む

子どもは、文字を読む以前から、絵本を読んでいる。そして、まだ文字が読めない子どもが、絵本を暗唱していることがある。

何度も絵本を読み聞かせてもらううちに、子どもは、絵本のページのなかに絵ではないもの（記号）があること、読み聞かせてくれる大人はその記号を見て（読んで）いるらしいこと、そして、大人がその記号を見ながらいつも同じ言葉を使ってお話を再現することに気がついていく。そのような体験をしながら、子どもは絵本のなかの文字や、その文字を読むことにも関心をもつようになるのではないだろうか。子どもにとって身近な絵本の存在もまた、子どもを文字や書き言葉の世界へいざなうものである。暗唱をしていた子どもも、ほどなく文字どおり絵本を読むときがやってくるだろう。

【引用文献】
1) 藤永保「養育放棄事例とことばの発達」小林春美・佐々木正人編『新・子どもたちの言語獲得』大修館書店　2008年　pp.182-195
2) 同上書　p.182
3) 同上書　pp.183-184
4) 同上書　p.187
5) 同上書　p.170
6) 正高信男『子どもはことばをからだで覚える－メロディから意味の世界へ』中央公論新社　2001年　p.31
7) 岡本夏木『子どもとことば』岩波書店　1982年　p.156

【参考文献】
秋田喜代美・中坪史典・砂上史子編『保育内容・領域「言葉」－言葉の育ちと広がりを求めて』みらい　2009年
秋田喜代美・野口隆子編『新保育シリーズ 保育内容 言葉』　光生館　2009年
岡本夏木・清水御代明・村井潤一監修『発達心理学辞典』　ミネルヴァ書房　1995年
小田豊・芦田宏編『保育内容 言葉』　北大路書房　2009年
小林春美・佐々木正人編『新・子どもたちの言語獲得』　大修館書店　2008年
田上貞一郎『保育者になるための国語表現』　萌文書林　2010年
藤永保『ことばはどこで育つか』　大修館書店　2001年
森上史朗・柏女霊峰編『保育用語辞典 第6版』　ミネルヴァ書房　2010年

実践編

第5章
保育者の指導・支援

第1節　保育者の関わり

(1) 保育者が「関わること」の意味

　子どもの言葉を育む保育者の関わりには、その子自身の言語能力に焦点をあて発達を支えるという側面と、子どもの発する言葉の背景をとらえながら成長全般を支えていくという側面がある。保育の実践においては、この両者がお互いにつながりをもって行われなければならない。

① 言語能力の発達を支える

　言語能力といっても、話す、聞く、読む、書く、構音や発音、さらには文法的なことなど、さまざまな側面をもっている。それらの諸能力は、スキルとして把握しやすく、その道筋や時期ごとに獲得するであろう能力は多くの関連する文献・資料等に示されている。それゆえに保育者は、一般的な成長と目前にいる子どもの成長とを比較することで発達の状態を具体的に確認することができる。言葉に限らず、具体的な視点をもつということは、保育者が指導・支援を行ううえでとても大切なことである。

　一方で、生まれた環境・生育歴等によって、一人ひとりの成長には個人差があることはいうまでもない。このことは、保育所保育指針（以下、指針という）において「一人一人の発達過程に応じて保育すること。その際、子どもの個人差に十分配慮すること」[*1]と明記されていることや、幼稚園教育要領（以下、要領という）において「一人一人の特性に応じ、発達の課題に即した指導」[*2]が基本として据えられていることからもわかる。大筋では同じような発育の過程をたどるが、細部においては「その子なりの成長の仕方」に添う関わりが求められることを意味する。保育の仕事は子どもの能力の診断をすることではなく、育ちを支えることにある。まずは、その子なりの成長の仕方に寄り添うこと、そして具体的な視点をもち、指導・支援にあたる

*1
指針 第1章総則、1保育所保育に関する基本原則、(3) 保育の方法ウ

*2
要領 第1章総則、第1幼稚園教育の基本、事項3

ことが子どもの言語能力を支える保育者の基本姿勢といえるだろう。
② 発達全般をとらえる窓口としての言葉

　言葉の大切な役割として、自分の考えを表現する、相手の思いに耳を傾けるなど「自」と「他」とをつなげる役割がある。さまざまなものに出会い、そこで表れてくる言葉をよくみていくと、言語能力の発達とは違った側面がみえてくる。

事例1）「こんどはこうなるよ」（4歳児）

> 　朝早くから砂場で遊ぶ4歳のA児。手のひらで小さな山をつくり、その上からペットボトルで水をかけ、山が崩れると再び山をつくり水をかける。保育者は楽しそうな雰囲気に吸い寄せられるように動きを合わせていった。
> 　「せんせい、ほらみててね」①
> 　「せんせい、こうなるよ」②
> 　「ほらね」③
> 　「こんどはこうするよ」④
> 　保育者にではなく自分自身に語りかけるように話すA児。
> 　10分くらいの繰り返しのあと、突然A児は「よしっ」⑤という言葉を発しその場から離れていった。

　水をかけ山が崩れる様子を見るという単純な動きのなかでも、A児の発する言葉から彼なりの物への関わり方、心の揺れがみえてくる。言葉の一つひとつをひろっていくと次のように整理することができる。
　①「ほらみててね」…期待感・こだわり
　②「こうなるよ」…予想立て
　③「ほらね」…確認
　④「こんどはこうするよ」…課題設定・挑戦
　⑤「よしっ」…一連の遊びに対しての納得感・区切り
　①～⑤を5領域でとらえると「言葉」はもちろん、少なくとも「人間関係」「環境」「表現」領域と強く関連しているといえる。このことから「言葉の指導・支援」とは、言語能力のみを対象にしたものではなく、子どもの生活のなかでさまざまな育ちの局面と絡み合いながら存在しているといえる。すなわち、話す・読む・書く・構音・文法などスキル面のみを取り上げた指導・支援だけではなく、子どもの育ち全般を見渡した関わりも言葉の指導・支援

として重要な意味をもつのである。

（2）指導と支援

　文字で解釈を付すのであれば指導は「導き」、支援は「助け（支え）」ととらえることができる。多くの保育者は、子どもとの関わりにおいて「指導」という言葉を避け「支援（援助）」という言葉を使用している。その背景には、要領、指針、幼保連携型認定こども園教育・保育要領（以下、教育・保育要領という）において「自発的」「主体的」という文言が多く使用されていることからもわかるように、「子どもを育てる」のではなく「育つ子ども」に関わりの力点を置こうとする意識によるものと考えられる。保育者がよく話す「ありのままを受け入れる」という言葉には、子どもが気持ちを安定させ自ら動き出せるようにという願いが込められており、子どもの自発性・主体性を重んじるということにおいては意味深いものである。

　一方で、「ありのままを受け入れる」ということは「そのままでいい」ということでもない。もし、そのままでいいということになれば、自分勝手、やりたい放題を認めることになり、やがてそれは放任となり保育・教育の必要性さえも否定されてしまうことになりかねない。子どもに関わるからには何らかの方向性は必要であろうし、それが保育の専門性の根幹をなすところである。要領、指針、教育・保育要領において「指導」という文言が使用されているのは、保育者の関わりの方向性を明示するという役割が求められているからである。

　このように保育者が子どもに関わる行為のなかには、「未成熟な部分に対して教え、導き、育てる」という指導性と「その子自身の育つ力に添い、支え、助ける」という支援性の2つの側面がある。保育者はどうすることが「指導」で、どうすることが「支援」であるのか明確にしておく必要がある。

　鯨岡峻はこの問題について「教え・導く」と「受け入れ・認める」の両義性について「相反する2つの事態が捩れ、一方がいつの間にか他方に転化し、保育目標そのものに両義性が含まれている」[1]ことを指摘している。たとえば、夢中になってどろんこ遊びをしている子どもに対し保育者は、体中泥だらけになっても気にせず遊び込むたくましさを認めながらも、衣服の汚れに対する配慮や衛生的な心配も同時にしているものである。毎日、衣服を泥だらけにするような状態であれば「着替えて遊びなさい」と指導的対応をするであろうし、汚れを気にしてばかりいる状態であれば「少しぐらい汚れても大丈夫だよ」という支援的対応をするのである。

このように「教え・導く」ことと「受け入れ・認める」ことは相反するものではなく、保育者が子どもに関わる行為そのもののなかで形を変えながら内包されているということである。

さらに岸井勇雄は「指導」について、「個人が自分の能力を見いだし、その能力が発揮できるように助言を与えて指導する過程である」[2]と説明している。このことは、子ども自身の自発性の発揮によって表れるその子なりの能力が「指導」の土台にあり、保育者がその能力を見い出し発揮できるようにすることが「指導」であると位置づけている。つまり、子どもの自発性を促すものを「支援」①とし、それにより萌芽した能力を望ましい発達に向けていく関わりが「指導」②ということになる（図5－1）。

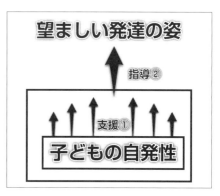

図5－1 「指導」と「支援」の関係

第2節　0歳児～2歳児の言葉と保育者の関わり

(1) 6か月未満

生まれて間もないこの時期は、母体内から外の世界へと急激な環境の変化に適応するための身体的成長と感覚の発達が著しい。特に言葉の発達に大きく関わる視覚・聴覚などは胎児期からすでに機能しはじめており、生まれることで外の世界からさらに多くの刺激を受け発達することになる。

この時期の保育者の関わりとして最も大切なのは、「好意的な働きかけ」である。生まれて間もない赤ちゃんが「笑った」「お話しした」などの反応（写真5－1）は、保育する側にとっては大きな喜びとして心理的なつながりを強めていくものである。クーイングに対して微笑みながら同じような発語で応えたり、おむつを取り替えるときも、赤ちゃんと同じように「あー」「うー」などの声を口ずさみながら足

写真5－1　新生児微笑

の体操をしてみたりするなど、さまざまな関わりを通して「お互いに心地よい空間」が築き上げられていく。

　正高信男は赤ちゃんと大人の関係について「大人が『かわいい』と感じるからこそ、あかちゃんとの間に大人同士にはない濃密な情緒交流が成立するのである」[3]「育児語を耳にすると相手は敏感かつポジティブに反応する。大人もますます精力的にコミュニケーションにかかわるようになる」[4]と説明している。両者間に生じる情緒交流は互いの関係強化と言葉に対する感覚の素地を作り上げるものであるといえる。このように、子どもに向けた好意的な関心・関わりが子どもにとっての環境の意味を高め、育ちやすい状況をつくることにつながるのである。このことは今後の子どもの言葉の発達に大きく関わっていくものなのである。

　具体的な支援として、個人差・興味に応じながらも「見る」「聞く」など感覚の発達に効果のあるもので適度に刺激を与えていく大切さもあげられる。その際、たとえば追視（目の前に出された物の動きを追いかける動き）は耳側から鼻側への移動が得意であること、低い音声よりも高い音声の方が聞き取りやすいことなど、乳児の反応の特性を把握し、支援の手がかりとしていくことが必要である。

　また、この時期は疾病への十分な抵抗力が備わっておらず、一人ひとりの健康状態を常に把握しておくこと、清潔で平穏な生活環境に十分に留意することなどが大切である。また、医療機関等との連携を密にすることや、家庭との情報の共有に心がけることも保育者の大切な役割となる。

(2) 6か月〜1歳3か月未満

　姿勢の変化やハイハイでの移動、指先も個別の動きが可能になり、子どもの生活空間も大きく変化していく時期である。こうした運動機能が発揮できるように、興味をもちやすく、なおかつ動きを楽しめる玩具などの環境を提示していく。また、危険予測の能力が未発達であるため、安全な生活環境への十分な配慮が必要になる。

　この時期の大きな特徴の一つとして、見慣れた人には積極的に関わろうとするが、逆に見知らぬ人への人見知りが激しくなるなど、人に対する感覚の芽生えがあげられる。保育者は一対一の対応を心がけ、子どものあまり意味のもたない話しかけ（喃語など）に対しても声を出して応えたり、スキンシップを取るなどしながら、その感情を十分に受け止め、情緒的なつながりをより強めていけるようにしなければならない。また周囲の子どもたちへの関心

が向くように、意識的に子ども同士を接近させるような働きかけもこの時期に大切な支援の一つである。

　言葉を使ったコミュニケーションを取ることができないこの時期であっても、相手に伝えたい気持ちは育ってきているものである。保育者に呼ばれて腕を上げてみたり、両手を差し出して抱っこを要求したりするなど、自分の思いを言葉ではなく身振りや手振りで伝えてくることも多くなる。保育者は子どもの動きの背景にある言葉を理解し、受け止める関わりが必要になってくる。

事例２）しぐさから聞こえる言葉「ちょうだい」（11か月児）

> ニコニコしながら手のひらを両方前に差し出すＢ児。保育者は「はい、どうぞ」といって近くにあるおもちゃをわたす。Ｂ児はおもちゃを手離し、再度手のひらを差し出す。「はい、どうぞ」と再びおもちゃを手わたす保育者。このあと同じやりとりが数回繰り返されている。

　言葉にこそ表れていないがＢ児の「ちょうだい」という言葉をしぐさから感じた保育者は、その気持ちに応えるべく明確な言葉で受け応えをしている。Ｂ児は、それを繰り返すことでやり取りの楽しさを感じているようである。こういった心地よい経験の積み重ねが、やがて言葉を使ったコミュニケーションへと発展していくのである。

(3) １歳３か月〜２歳未満

　１歳を過ぎるとほとんどの子どもが歩くようになり、行動範囲も一層広くなる。興味の幅も広がり、周囲の環境へ積極的な関わりを示しはじめる。保育者は十分に体を動かして楽しめるような遊具・玩具を工夫したり、積極的に外遊びや戸外の経験を増やしたりするなど、さまざまな環境と出会いのなかで、やってみたいという意欲やしたいことができる有能感がもてるような支援をしていくことが大切である。

　言葉の発達も「ワンワン」「イヤイヤ」など意味のある言葉を少しずつ使いはじめるようになる。保育者は、相づちを打ったりするなど会話を楽しむ雰囲気をつくっていくなかで、子どもの言葉に含まれた気持ちを十分に受け止め、認められたという満足感を得られるようにしていく。そうすることで、子どものコミュニケーションに対する意欲が高められていくのである。

　また、子どもは大人の口元をよく見ているものである。言葉のモデルを示

す意味でも、保育者は子どもにしっかりと顔を向けて表情豊かに受け応えをしていくことが大切である。

自己主張がはじまるころなので、しっかりと受容したり、時には「だめよ」「まだね」など制限を加えたりしながら、感情のやり取りを感じられるような経験をさせていくことも大切な支援の一つである。

(4) 2歳児

2歳児にもなると語彙数も爆発的に増えてくる。秋葉英則は2歳児の言葉の発達について「言葉の力が身についたということよりも、自我が育ち自分の世界に自信を持ち始めた姿としてとらえることができる」[5]と述べている。やりたいという意欲や、そのことを十分に楽しめた有能感が言葉の発達の大きな要因になっているということである。

保育者の支援も子どもの意思や要求を受け入れていくことが軸になり、そういった支援をとおして、誰かに話しかけてみたいと思ったり、楽しんで言葉を使ったりできるようになっていく。ただし、自分の気持ちは必ずしも相手に理解されるというわけではない。一方的な関わりが原因となるけんかもこの時期によくみられるようになる。お互いの気持ちの橋渡しをすることも保育者の大切な役割の一つであるが、相互理解の支援に偏り、一方的に子どもに折り合うことを求めるだけでは、子ども自身の遊びや経験は豊かになっていかない。自己主張を十分に聞き、あくまでもその子自身の気持ちが満足するような状況を言葉やしぐさでつくっていくことが大切な支援となる。

2歳児の言葉の増加のもう一つの背景に象徴機能やイメージの発達があげられる。

事例3）「あーん」「ぺおん」（2歳11か月児）

絵本『ももんちゃんあーん』[*3]が子どもたちは大のお気に入り。お昼寝の際、子どもたちの「ももんちゃんよんで」の声に応えて、保育者は毎日のように読んでいた。

そんなある日、ままごとコーナーで、C児がクマのぬいぐるみと向き合い、「あーん」「ぺおん」「あーん」「ぺおん」といいながら、何度もスプーンでご飯を食べさせるフリをしていた。

*3 『ももんちゃんあーん』
とよたかずひこ作・絵
童心社 2007年

「あーん」「ぺおん（ぺろん）」は絵本のなかに出てくる主人公の言葉である。

大好きな絵本を繰り返し保育者に読んでもらうという心地よい経験のなかで、絵本の絵や保育者の言葉が頭でイメージされ、遊びのなかで自分の言葉として表出しているのである。物事をイメージする力は「○○したつもり」「○○ごっこ」を可能にし、それにより遊びの中身がより濃いものとなっていく。このような遊び方の変化に伴って、子どもの言葉の幅も広がりをみせはじめるのである。保育者は象徴機能やイメージの発達を促していくために、生活のなかでの出来事をわかりやすい言葉で子どもに話したり、絵本や簡単な素話などを見たり聞いたりする経験を意識的に取り入れていくことが大切となる。

第3節 3歳児～6歳児の言葉と保育者の関わり

(1) 3歳児

　3歳頃になると、身のまわりのことへの興味・関心も具体的になり、「なぜ？」「どうして？」と、不思議に思ったこと、考えたことを聞いてくることが多くなる。子どもは物事の概念形成（性質）や因果関係（理由）などを大人とのやり取りの繰り返しのなかから学んでいくのである。

　高杉自子は、言葉と思考について「思考することは言葉の重要な機能であること、そして経験と密着させて習得することの重要性」[6]を指摘している。つまり、3歳児になれば言葉と行動や出来事が結びつけて考えられるようになるので、保育者は具体的な場面をとらえながら、子どもの経験した事柄を正しい言葉*4でつなげていく支援が必要となるのである。

　一方で、考えながら話す子どもの姿には「あのね」「えっとね」が連続し、なかなか前に進まないときがある。

事例4）「えとえとえと」　昼食の時間、食が進まないD児

> 保育者：「Dくん、にんじんはたべないの？」
> D　児：「……」
> 保育者：「これこれ、にんじん。たべてごらんよ」
> D　児：「えとえとえと…」
> 保育者：「ん？　なぁに？」
> D　児：「えとえと……　ぼくきのうたべた」
> 保育者：「にんじん、たべたんだ。えらいねぇ」

*4 3歳頃は、言葉への関心がより高まってくる時期である。保育者は自らの言葉づかいについて、子どもたちが保育者の話す言葉を聞いて言葉を覚えていくということを意識し、正しく使うような配慮が必要となる。

第5章　保育者の指導・支援

なかなか食が進まない状況と、しどろもどろな受け応えに「野菜が食べられずに困っている」というD児の状況が予想されがちであるが、実はそうではないことが「ぼくきのうたべた」という言葉からわかる。D児の「えとえとえと」は応えに窮して発した言葉ではなく、「にんじんを食べることができた」という事実を言葉につなげる思考の動きととらえることはできないだろうか。さらにそれは、保育者の「待ち」によって導き出されている。

保育者は、言葉は安定した情緒のもとで気持ちが動くことによって発せられるものであるということをふまえ、その子の話したい気持ちを十分に聞き入れていくことが支援の大切なポイントとなる。

(2) 4歳児

4歳児になると、自分のやりたいことを十分に楽しみたいという思いのなかに「友だちと一緒に」という思いが出はじめる。そこで生じてくるのが「友だちとつながりたい」という思いと「やりたい遊びを自分の思うようにしたい」という思いの間で生じる葛藤*5である。

秋田喜代美は言葉の育ちについて、「さまざまな人の声を聴き、自分の思いと擦り合わせることで心の中に生まれる自己の言葉が思考を形成していき、それがこれからの学び合う関係の基礎を形成する」[7]と説明している。

4歳児における「自分」と「まわり」の擦り合わせは、これからの生活・学習において大切な経験だということである。さまざまな遊びや友だちへ積極的に関わっていこうとする時期だからこそ、保育者はこの葛藤経験を大切にしていく必要がある。思いどおりにならない、うまくいかないことが原因でけんかも多くなるが、解決を急がず、少しずつでも相手の気持ちを理解し受容していけるように、時間をかけて双方の気持ちや行動の理由を話していくことも大切な支援といえる。

また、3歳～4歳にかけて「くつした」を「つくした」、「おたまじゃくし」を「おじゃまだくし」などと、2歳～3歳よりは少ないが、言葉の言い間違いがみられる。子どもの言葉の誤りについて伊藤克敏は、「子どもの習得過程の独自性、創造性の証左*6であり、大人がモデルにあわせようと矯正しても徒労に終わることになり、また子どもの創造的な発達を阻害することにもなりかねない」[8]と述べている。言い間違いを指摘することで子どもの自尊感情を損なう可能性もある。間違いを否定的にとらえず、言葉を獲得する一つの過程として、子ども自身が気づいて自然に自己訂正ができるようになるような支援を心がけたい。

*5
鯨岡峻はこの問題について、自己充実欲求・繋合希求欲求と位置づけ、両者の相反する関係のなかに人間存在の根源的両義性があるとしている。4歳児の葛藤においても、自分のやりたいことを貫こうとする感情と、友だちと一緒にいたいという感情の間での揺れ動きがみられるのである。

*6　証左
意味や解説、事実を明らかにするために拠り所となるもの。

(3) 5歳児

5歳児になると、人間関係が確立し「自分たちで」という思いも出てくる。友だちと誘い合い、共通のイメージや目的をもって遊んだり、自分たちで決まりをつくったりしながら遊びを発展させていく姿がみられる。共通のイメージをもちやすい素材や用具を準備したり、仲間間の人間関係の調整場面が必然的に出てくる集団遊びやグループでの活動を多く取り入れていくことも大切な環境構成の一つである。

一方で、この時期になると集団に入らず一人黙って友だちの遊びの様子を見ている子どもの姿がよくみられる。

事例5）「僕はいいよ」

> クラスで「ばななおに」が盛んに行われている。Ｅ児が少し離れて友だちの遊んでいる様子を見ている。昨日まで一緒に楽しんでいたのに、なぜだろうと思い、声をかけてみた。すると「僕はいいよ」というだけで遊びに入る気配さえない。理由を問うと体調が悪いわけでもなく、友だちとけんかをしたわけでもないらしい。

この事例のＥ児の姿には、おにごっこのドキドキ・ワクワク感のなかにいた自分と、ふと立ち止まってまわりの様子を客観的に見ている自分の２つの姿が現れている。特に「友だちの遊んでいる様子を見ている」姿には、Ｅ児が何かを感じ、考えているという背景が浮かんでくる。

昨日遊んでいたから今日も遊ぶであろうという直線的な理解による支援では、子ども自身が立ち止まること、じっくりと考えることの機会を奪ってしまうことになりかねない。目に見える行動のみにとらわれた支援では、子どもの気持ちと齟齬が生じてしまう危険もはらんでいる。

保育者はその子どもの気持ちを十分に感じ取りながら、時には見守ったり、時には話しやすい雰囲気をつくったりするなど、柔軟に対応できる支援が必要となる。

5歳児になると言葉が自由に扱えるようになるとともに、絵本を見て「この字なあに？」と尋ねてくるなど、文字や記号への関心も高くなる。しかし、文字や記号の取り扱いについては知的学習という面に偏らず、あくまでも日常生活や遊びのなかで生じた興味に応じたものでなければならない。

絵本、童話などの教材についても、自らの経験と結びつけたり、想像をめ

第5章　保育者の指導・支援

ぐらせたりしてイメージを豊かにできるように十分な配慮が必要である。

(4) 6歳児

　6歳児になると、小学校就学も間近になり、仲間意識の高まりや、課題解決に向けた意欲などがもてるようになってくる。保育者は他児との関係が意識できるような遊びを多く取り入れたり、投げかけられた問題をみんなで考え合う活動を意識して増やすなど、子ども自身が自らの育ちをダイレクトに感じることができるような活動を意識的に提示していくことが必要となる。

　一方で、こうした活動には話す、聞くといった態度も必要となってくる。伝えたいことを相手に伝わるような言葉で話し、そして相手の話す言葉に関心をもって聞こうとする気持ちや態度を養っていくことも大切な関わりといえる。そのためには、保育者自身も関心をもって話し合いに参加し、時には伝えたいことを代弁したり、言葉を補ったりしながら子ども同士のやり取りを支えていく支援が必要となる。

第4節　育ちの連続性と指導・支援の継続性

　写真5－2は、2011（平成23）年に起きた東日本大震災の6か月後、保育室で一人紙に向かって黙々と描き続けていた5歳児の絵である。左から介護を受けている祖母、本人、母親、そして被災地の人が描かれている。文中「は」

写真5－2　5歳児女児

が「わ」であったり、長音が「ー」で書かれていたりするなど、5歳児ならではの稚拙さがみられるが、これを見て誰もそれを指摘することはないだろう。怖かった地震、祖母の介護に一生懸命な母親、その母親が語る「だいじょうぶ」という言葉、そして被災地の人。「支え合う」という大人でも言葉で表すことが難しいテーマに正面から切り込み、自らの経験と文字と絵を駆使し見事に表現していることに、まず心が揺り動かされるはずである。これは0歳児から作り上げてきた大人との信頼関係、3、4歳児にさまざまなものと直面するなかで体験した葛藤体験、そして5歳児での感覚の深化とスキルの多様化など、それぞれの年齢における育ちが連続した形として現れている姿といえよう。すなわち保育者の支援というものは、一つひとつ切り離されたものではなく、継続性のなかで見通しをもって行われていくものであるといえる。

【引用文献】
1）鯨岡峻『保育を支える発達心理学』ミネルヴァ書房　2001年　p.24
2）岸井勇雄『幼児教育課程総論』日文書院　1990年　p.143
3）正高信男『ケータイを持ったサル「人間らしさ」の崩壊』中央公論新社　2003年　p.75
4）同上書3）p.75
5）秋葉英則・白石恵理子監修、大阪保育研究所編『子どもと保育　2歳児』かもがわ出版　2001年　p.18
6）高杉自子『言葉と思考』小学館　1976年　p.86
7）秋田喜代美『保育のこころもち』日本教育新聞社　2011年　p.19
8）伊藤克敏『こどものことば－習得と創造』勁草書房　1990年　p.172

【参考文献】
鯨岡峻『子どもは育てられて育つ－関係発達の世代間循環を考える』慶応義塾大学出版会　2011年

【協力】
盛岡大学附属松園幼稚園

第6章
言葉での関わりに配慮を必要とする子どもへの指導・支援

第1節　言葉の発達に課題を抱える子どもとは

(1) 言葉を話す前に

　言葉の発達には一応の目安があるので、ある時期になっても意味のある言葉が出なかったり、語彙が増えなかったり、発音がしっかりしていなかったり、言葉でのやり取りが続かなかったりすると、周りは心配になるものである。しかしその際、言葉の発達のみに焦点をあてるのではなく、身体発達や社会性の発達、認知の発達などさまざまな角度から総合的にとらえて、よりよい対応について考えることが大切である。

　言葉を話すまでには、さまざまなことが育っている必要がある。中川信子は、脳のしくみと言葉の発達を関連づけてビルに例え、1・2階の「からだの脳」(脳幹)の上に3階の「こころの脳」(大脳辺縁系)があり、4階より上に「知力・言葉の脳」(大脳皮質)があるとしている。そして、「言葉が言える」ことにとらわれると、いきなり一番上の階をつくるようなものであるため、1階から順番にビルを建てることを意識してほしいとしている。

　言葉の発達にはまず、規則正しい生活や身体発達に沿った十分な運動が行われ、周囲との情緒的交流や充実した遊びの経験があることが必要である。そして、子どもたちに、以下の項目のようなことが育っているか確認をする。

・音に反応する
・泣き声以外の色々な声を出す
・相手の動作や声をまねようとする
・言葉での指示を理解していて、行動でこたえようとする
・自分の感情や要求を相手に伝えようとする

上記のような育ちがみられない場合には、保護者に対する丁寧な聞き取りや観察の結果から対応方法について検討し、必要に応じて専門機関と連携を取る必要がある。

（2）言葉の育ちに影響するもの

　言葉の育ちに影響するものについて、今井和子は、著書『子どもとことばの世界』のなかで以下のように述べている。

　　現代の子どもたちのまわりには、テレビやラジオの音、保育室の騒音、大人がイライラして発している言葉など、耳をふさぎたくなるような音であふれていて、「心地よい声」を聴く機会が少なくなっているように感じます。「早くしなさい」、「いけません」などの指示語や否定語が多くなると、言葉を聞きたいという気持ちは薄れてしまうかもしれません。[1]

　子どもの言葉の発達について考える際には、その子ども自身の言葉の育ちのみならず、周囲の言葉環境についても気にかける必要がある。とりわけ、言葉の発達に課題を抱える子どものなかには、大人の指示語や否定語を多く浴びている子がいるかもしれない。そうすると、自分に対する自信を失い、ストレスから精神的に不安定になる可能性がある。二次障害を引き起こすことがないよう、大人自身が日頃の言動について振り返ることも必要である。

第2節　言葉の発達の課題

　言葉は「発語」「意味の理解」「コミュニケーション」3つの要素で構成されている。以下では、それぞれに関連する発達の課題（図6－1）について取り上げる。

（1）発語に関する課題

①　構音障がい

　発音がはっきりしないか、発音できない音があることで、スムーズに話せないことを構音障がいという。構音障がいには大きく分けて2つのタイプがある。

第6章　言葉での関わりに配慮を必要とする子どもへの指導・支援

図6−1　言葉の処理過程と諸課題

出典　駒井美智子編『保育者をめざす人の保育内容「言葉」』みらい　2012年　p.74を一部改変

・**器質性構音障がい**

　発声のための器官に問題がある障がいで、「せんせい」が「へいへい」になるなど鼻に抜けるような話し方がみられる。代表的なものとして口蓋裂と口唇裂があげられる。口蓋裂は口腔の天井の部分が裂けている状態、口唇裂は唇が裂けている状態をいう。近年は早期に発見され、口唇裂は生後4か月頃、口蓋裂は生後1年半前後になると形成手術を受けて専門家による治療が行われる。

・**機能性構音障がい**

　発声のための器官に問題はないが、舌の使い方が未熟なために起こる障がいである。発音が身につくのが期待される年齢になってもうまく話せない場合には、構音障がいとなる。「サカナ」→「タカナ」、「カッパ」→「アッパ」などの音の置換や省略などがみられる。構音が完成するおおよその年齢は表6−1のとおりである。

表6−1　構音の完成年齢

年齢	行ごとにまとめた音
2歳代	パ行、バ行、マ行、ヤユヨワン、母音
3歳代	タ行、ダ行、ナ行、ガ行、チャ行
4歳代	カ行、ハ行
5歳代	サ行、ザ行、ラ行

出典　村上氏廣・村地俊二『新生児・小児の発達障害診断マニュアル』医歯薬出版　1982年　p.155を一部改変

② 吃音(きつおん)

　吃音は、言葉を滑らかに発することに関する問題である。言葉のリズムが乱れるのが特徴で、タイプとしては、連発型（「ぼ・ぼ・ぼく」のように言葉の最初の音を繰りかえす）、伸発型（「ぼーく」のように言葉を引き延ばす）、難発型（「…ぼく」のように話の初めがつまってしまう）がある。言語の獲得が著しい幼児期にみられることが多いが、一過性のものも少なくないため、症状を悪化させないことが大切である。子どもの「話をしたい」という気持ちや意欲を大事にして、言い直しを強要したり、注意をすることは避けて、話の内容に注目して対応するように心掛ける必要がある。

③ 聴覚障がい

　耳の聞こえが悪いと、発語が遅れたり、こもったような発音をすることがある。言葉の遅れに関連するのは難聴である。難聴には感音性難聴[*1]と伝音性難聴[*2]、混合性難聴[*3]などがある。できるだけ早く発見して、医療機関で精密検査を受けるなどの対処が望まれる。必要に応じて補聴器や人工内耳を使うとともに、専門家と連携して適切な指導を行う。伝音性難聴は中耳炎の繰り返しによって起こることもあるため、中耳炎の治療はその都度行うようにする。補聴器を使用している子どもに話しかける際は、すべての音を拾う補聴器の特性を知り、静かな場所でゆっくり話しかけるなどの配慮が必要となる。

④ 脳性まひ

　脳性まひとは、脳の損傷によって肢体や姿勢に不随意運動が現れるものである。言葉に関しては、言葉の発達の遅れや構音障がい、話し方がスムーズでないなどの特徴があり、専門家の治療や訓練が必要となる。

（2）意味の理解・コミュニケーションに関する課題

① 発達障がい

・自閉症スペクトラム障がい

　脳の機能不全による共感的な感情や言語の機能障がいがあるため、コミュニケーションを身につけることが難しいという特徴がある。幼児期には共有の指さしがみられず、三項関係[*4]が成立しにくいなどの特徴があり、単語を理解することは困難である。単語を暗記したとしても、それをコミュニケーションに用いることは難しいことから、近年は、視覚情報が優位であることが多いという特徴を生かして、カードやパソコン等の道具を使うなど、話し言葉以外のコミュニケーションツールを用いる工夫がされてき

---

*1　感音性難聴
外部から入った音は鼓膜をふるわせ、それが蝸牛に伝わり音を電気信号へと変換させるが、蝸牛や細胞が働いていないことで起こり、非常に聞き取りにくくなる。遺伝やウイルス感染などが原因で起こることもあるが、多くが原因不明。

*2　伝音性難聴
原因はさまざまだが、中耳炎、鼓膜の損傷、中耳・外耳の奇形等で起こる。音が内耳に通ることが妨害され、耳をふさいだように音が聞こえる。

*3　混合性難聴
感音性難聴と伝音性難聴の両方がみられる。音が小さく聞こえ、聞き取りが困難になる。

*4　三項関係
第3章 p.42 参照。

第6章　言葉での関わりに配慮を必要とする子どもへの指導・支援

ている。

　スペクトラムという概念[*5]にも示される通り、言葉の発達に関しても全く話さない子どもから、高い言語能力をもつ子どもまでさまざまである。しかし、言葉を話せたとしても、言葉の意味を文字通りに解釈したり、相手の状況は考慮せずに一方的に話すなど、やり取りがちぐはぐになってしまうこともあり、それがトラブルに発展する場合もある。近年は、場面にあった言葉の使い方について考えるコミック会話などのコミュニケーション支援法も開発されてきている。

*5　スペクトラム概念
重度から軽度まで、連続した一つの障がいとしてとらえる考え方。

・学習障がい

　学習障がいとは、知的能力全般に大きな遅れはないが、聞く、話す、読む、書く、計算する、推論する能力のうち、1つの分野において著しい遅れがみられる障がいをいう。なぜ、そのようなことが起こるのかについて、これまでも脳の言語的短期記憶（言葉や数などの音声情報を保持する）と視空間的短期記憶（形や位置などの視空間情報を保持する）で説明されていたが、近年のワーキングメモリ理論では、中央実行系（前頭葉と呼ばれている脳の部位、ワーキングメモリの司令塔）と言語的短期記憶が一緒に働いて音声情報を処理しながら保持する「言語性ワーキングメモリ」と、中央実行系と視空間的短期記憶が一緒に働いて視空間情報を処理しながら保持する「視空間性ワーキングメモリ」の働きから説明されている。そして、支援する際には、ワーキングメモリの弱さを補い、強さを生かすような支援を考えていくことが提唱されている。このように、学習障がいはその子どもの学び方の違いを示すものであり、それぞれの子どもにあった学び方の多様な学習方法が求められている。

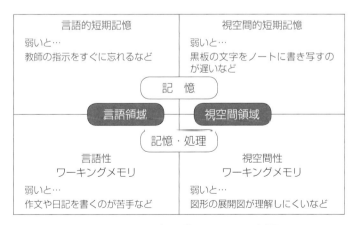

図6-2　ワーキングメモリ4つの側面

出典　湯澤正通・湯澤美紀『ワーキングメモリを生かす効果的な学習支援』学研プラス　2017年　p.37

・注意欠如・多動性障がい

　長時間集中して、1つのことに取り組むのが難しいという特徴がある。障がいの現れ方としては、「不注意」「多動性」「衝動性」の3つがあり、人によってその現れ方は異なる。幼児期で多いのは、自分の言いたいことだけを話したり、突然話題が変わったりして会話が成立しないことである。また、筋道を立てて話すのが苦手で、言いたいことがたくさんあるため、まとまりのない話し方をする。うまく感情を表現できずに周囲と衝突をして、自信を失い、人間関係の悩みにつながることもある。周囲と衝突しそうになったらまず気持ちを受け止めることや、叱られると暴言を吐く子どももいるが、感情的に反応せず論理的に説明するように心がけることが重要である。

② 緘黙（かんもく）

　発語の器官に問題はなく、話す力はあるが言葉を発しない状態のことをいう。家では話すが幼稚園や保育所等では全く話さないなど特定の場面で起こるため、「場面緘黙」や「選択性緘黙」ともいわれる。原因を特定するのは難しく、比較的環境の変化によって発症することが多いといわれている。無理に話をさせることなどはせず、その子どもが安心していられる落ち着いた環境となるよう配慮することが必要となる。

③ 知的障がい（精神発達遅滞）

　発達機能全般に遅れがみられ、言葉の理解度や文章を構成する力が弱く、語彙が乏しいなどの特徴がある。

第3節　保育者による言葉の発達に課題を抱える子どもへの指導・支援

（1）保育者の関わり

　幼稚園教育要領（以下、要領という）、保育所保育指針（以下、指針という）、幼保連携型認定こども園教育・保育要領（以下、教育・保育要領という）における領域「言葉」は、「経験したことや考えたことなどを自分なりの言葉で表現し、相手の話す言葉を聞こうとする意欲や態度を育て、言葉に対する感覚や言葉で表現する力を養う」と示されており、3歳以上児の内容の取扱いには「言葉は、身近な人に親しみをもって接し、自分の感情や意志などを伝え、それに相手が応答し、その言葉を聞くことを通して次第に獲得されていくものであることを考慮して、幼児[6]が教師[7]や他の幼児[8]と関わること

---

[6] 指針では「子ども」、教育・保育要領では「園児」。

[7] 指針では「保育士等」、教育・保育要領では「保育教諭等」。

[8] 指針では「子ども」、教育・保育要領では「園児」。

第6章　言葉での関わりに配慮を必要とする子どもへの指導・支援

により心を動かされるような体験をし、言葉を交わす喜びを味わえるようにすること」とある。

　言葉の発達に課題がある子どもに対応する際の大人側の心構えも、上記の要領や指針、教育・保育要領に記述されていることと共通する。言葉の発達に課題がない子どもと比べると、発するシグナルはわかりにくいものも多いが、まずは受け止めることである。そのためには、その子どもを理解したいという気持ちからはじまり、その気持ちをもって子どもを観ることが必要となる。そのようななかでタイミングよくシグナルに応じることができたとき、子どもの側に"話したい"という意欲が生じる。また、言葉の発達に課題があるからといって、一方的にたくさん話しかけることは逆効果になる場合もあるので極力控える必要がある。子どもは、自分の言葉（声にならない言葉）や態度も含めて、受け止めてもらったという経験を重ねることで、やがて相手の話も聞きたいという意欲が自身のなかに育っていくのである。

　次の文章は、入園してまだ3か月で、言葉の発達がゆっくりなA児（3歳児）に対する保育者の関わり（支援）がわかる事例である。

（6月12日）
　A児は外遊びが大好きであるが、この日はなぜか1人で部屋に戻ってきて四輪の車のおもちゃを指さした。保育者は「そっか、Aちゃんはあの車のおもちゃに乗りたいんだね。車乗る？」と言葉ではなく指さしで気持ちを伝えようとするA児の気持ちを受け止め、それを言葉にして伝えた。その後、A児は誰もいない部屋の中で広々と車のおもちゃに乗り、ニコニコ満足そうに遊んだ。

（8月12日）
　この日、先生たちとおままごとをしていると、A児がありを見つけて「せんせい、あり、いるね、ま〜」と言ったため、保育者は「本当だね。ありさんいるね」とA児がありを発見した喜びに共感し、それを言葉で返すことで思いを共有できるようにした。保育者は、A児自身が伝えたいことが具体的な言葉になってきていることを感じた。

（10月3日）
　この日はお友だちのB児と砂場遊びをしている際にスプーンの取

り合いになり、「Aの！」と強い口調でB児からスプーンを取り上げたため、B児は泣いてしまった。その様子を見ていた保育者は、今まで自己主張する姿も少なかったA児に自分の気持ちを伝えようとする姿が見られたことを理解しながら、一方でA児の思いのほかにB児にも思いがあることがわかるよう「Aちゃんもスプーンを使いたかったんだね。でもBちゃんも使いたいから、そういうときは貸してって言うといいよ」と伝えた。そして、A児が「かちて」と言うとB児も「いいよ」と応えた。保育者は「Aちゃん上手に言えたね」とA児に伝えた。

（1月6日）
　お友だちのC児が転んで泣いていると、先生たちのまねをしてか「大丈夫？」「どっちたの？」と背中をさすってあげるA児の姿が見られたため、保育者はA児の優しい気持ちをしっかりと認め褒めた。保育者のまねをしたということもあるかもしれないが、保育者はA児のなかに言葉に対する興味がどんどんふくらんでいることを感じた。

　この事例からは、言葉の発達がゆっくりなA児が、少しずつではあるが言葉を話すことができるようになっていく様子がわかる。そこにはA児自身の心身の発達や園生活という家庭とは異なる環境をとおして先生やお友だちと関わるなかで言葉にふれる機会が増えたという要因も大きく関わっているが、保育者がA児に対して丁寧に関わり、信頼関係を築いていったことで、A児に話したいという気持ちが生まれ、少しずつ言葉が出てきているともいえるだろう。
　具体的には、入園当初はまだ自ら話すことが少なかったA児であったが、保育者は四輪の車のおもちゃを指さすA児の気持ちを受け止めたり、ありを見つけたA児の思いに共感したりするなどの関わりをしている。こうした受容的・応答的なやり取りを重ねることでA児は自分の気持ちを伝えようとする意欲を育んでいったのであろう。また、言葉の発達がゆっくりであるため、どうしても自分の気持ちをうまく伝えられず、感情的になってしまったA児に対して、保育者は自分の思いのほかに相手の思いもあることに気づくことができるよう関わっている。こうした関わりを続けるなかで、1月の事例にあるように、A児のなかに他の人を思いやる優しい気持ちも芽生えていった

のであろう。
　なお、こうした保育者の関わりは言葉の発達の課題の有無や、障がいの有無によって大きく変わるものではなく、一人ひとりの発達の違いを考慮したうえで、まずは子どもに対して受容的・応答的な関わりをしていくことが求められる。

（2）園生活での学び

　本来、言葉は生活のなかで獲得されていくものである。園生活のなかには言葉と行動が随伴している場面が数多くある。「おはよう」「さようなら」「いただきます」「ごちそうさまでした」などの言葉は家庭と共通しているが、「お片付けしましょう」の声かけに子どもたちが一斉に動く場面を見たり、保育者が送迎の際に笑顔でかける「いってらっしゃい」「お帰りなさい」などの言葉に保護者が対応している様子を子どもが見ることは、言葉の意味を理解する手助けになる。また、子ども同士の貸し借りで思い通りにならないときに「貸して」、「いいよ」などのコミュニケーションで解決する場面や、困ったときに「先生、こっちに来て」と助けを求めている場面を見ることで、問題解決の方法を学ぶことができる。このように園生活には言葉のやり取りのモデルとなる場面がたくさんあるため、保育者は言葉の発達に課題を抱える子どもが園生活を通して言葉を使ったやり取りを学んでいけるよう支援することが大切である。
　また、言葉の発達に課題を抱える子どもの場合には、言葉でうまく自分の気持ちを表せないことも多い。保育者は子どもの要求をよく見て、言葉以外の表現からその子どもの内面を探ることが大切である。それと同時に、一文一意を心がけ、わかりやすい表現を用いたり、必要に応じて他の子どもとの調整をしたりすることも大切である。

（3）居心地のよい環境を整える

　言葉の理解はどの程度なのか、配慮すべき事項は何かについて、職員で共通理解を図ることが大切である。そのうえで、コミュニケーションを取る有効な手段や、夢中になれる遊びについて情報交換し合い、環境を整える必要がある。できないことだけに目を向けるのではなく、得意なことにも目を向け自信がもてるような場面をつくるなど、その子どもにとって、園生活が安定して居心地の良いものとなるよう工夫することが重要である。

第4節 言葉の発達に課題を抱える子どもの保護者への支援

（1） 保護者との連携

　保護者にとって、わが子の言葉の発達に関する悩みは時に深刻なものであるが、保育者はその状態が何らかの障がいによるものなのかについて安易に判断をせず、その判断は専門機関に任せることが大切である。しかし、その際に保護者と一緒にその子どもの育ちを支えていく姿勢を示すことが必要である。

　その方法として有効なツールの1つに連絡ノートがある。子どもの幼稚園や保育所などでの姿と家庭での姿は異なる場合もあるため、さまざまな場面で見せるその子どもの姿から、よりよい支援の方法について考えることができる。最近は、連絡ノートを廃止する園もみられるが、とりわけ何らかの発達の遅れを心配している保護者にとって、保育者と十分に話す機会を確保できない場合には、唯一の情報伝達手段となる。また、保護者が書くという作業を通して保育者との情緒的交流を図ることで、自らの気持ちを整理していくこともできる。さらに、保育者が丁寧に記録をしていくことで、就学する際の引き継ぎ資料（幼稚園幼児指導要録や保育所児童保育要録など）を整理するうえでも役に立つ。

　そのほか、送迎時の何気ないやり取りや保護者面談の際にゆっくり話せる機会をもつことも大切である。その際、保育者個人で支援のすべてを抱えるようなことはせず、必要に応じて同じような悩みをもつ（もっていた）保護者とつないだり、専門機関に通っている場合には、専門機関と連携を取ることについて了承を得て、つながっていくことも大切である。

（2）保護者からの相談

　少子化の現在、出産するまでに赤ちゃんと接する経験がほとんどなく、わが子とどのように関わればよいのかわからないという保護者もいる。次の質問は言葉の発達に心配がある保護者からよくある質問である。

　質問：「子どもにいつ話しかけたらいいですか」

　中川は、いつ話しかけたらよいのかについて、次のような方法を提案している[2]。

第6章　言葉での関わりに配慮を必要とする子どもへの指導・支援

・世話をしながら話しかける：「オムツ替えるよ」「クックはけたね」
・からだを動かしながら話しかける：「後ろ向いて」「足をあげて」
・リズムをとりながら…かけ声や擬態語：「キラキラしているね」「ヨイショ、ヨイショ」
・動作のはじめと終わりをはっきりさせる：「さあ、寝る時間だからお着替えしよう」「おもちゃを片付けよう。お出かけするよ」
・子どもが注目しているものについて話す：言葉を教えることに夢中にならないようにする。

　これらは、言葉の発達の課題の有無にかかわらず、参考になる方法である。仮に言葉が出なくても、生活のなかで繰り返し話される言葉は子どものなかに蓄積されるものだからである。どのように話しかけたらよいのかについてはさまざまな方法があるが、言葉の発達が遅い子どもの場合には特にわかりやすい言葉で話すようにする。また、なかなか注意が向かない子どもに対しては、身体にタッチしたり、目線を同じにするなど注意を喚起してから話しかけるのが有効である。子どもに対して注意する言葉が多くなっていると感じる際には、代わりの方法を提示することも試してみるとよい。たとえば、走ってはいけない場所で走る子どもに「走らない！！」ではなく、「ゆっくり歩こうね」と具体的に示すなどである。このような方法は、園内ではよく行われているが、初めての育児では知らない場合もある。保育参加のような保護者が来園する際に、保育者が実際にこのような言葉を使って保育をしている場面を見せることも大切な保護者支援の１つといえる。

第5節　専門機関等との連携

　言葉の発達に課題があって相談をしたいという場合、地域の保健センターや子ども家庭支援センターなどでも相談を受けつけている。また、支援に関わる専門職としては、保健師や言語聴覚士、臨床心理士、臨床発達心理士などの職種があり、自治体の状況にもよるが、巡回相談や乳幼児健康診査の会場でも予約をして相談することができる。健診の事後に遊びのグループを提供している自治体や通園療育などもある。保育者はその子どもにとって今必要なことは何かについて、必要に応じて専門機関とも連携を取り、生活（遊び）の環境を設定する必要がある。そして、その子どもの１日が充実したものであることを願い、保護者とともに日々の育ちを確認しながら成長を見

守っていきたいものである。

【引用文献】
1）今井和子『子どもとことばの世界－実践から捉えた乳幼児のことばと自我の育ち』ミネルヴァ書房　1996年　p.213
2）中川信子『1.2.3歳 ことばの遅い子－ことばを育てる暮らしのなかのヒント』ぶどう社　1999年　pp.69-71

【参考文献】
秋田喜代美・野口隆子編『保育内容 言葉』光生館　2009年
岡田明編『子どもと言葉』萌文書林　1990年
田上貞一郎・高荒正子『保育内容指導法「言葉」』萌文書林　2006年
中川信子『ことばをはぐくむ－発達の遅れのある子どもたちのために』ぶどう社　1986年
村上由美『ことばの発達が気になる子どもの相談室』明石書店　2015年
湯澤正通・湯澤美紀『ワーキングメモリを生かす効果的な学習支援－学習困難な子どもの指導方法がわかる！』学研　2017年

第7章
保育者の言葉

第1節　言葉の発達を支援する保育者の言葉

(1) 言葉の発達を支援する保育者

① 言葉の獲得における保育者の存在

　幼稚園教育要領、保育所保育指針、幼保連携型認定こども園教育・保育要領における3歳以上児の領域「言葉」の内容の取扱いに、「言葉は、身近な人に親しみをもって接し、自分の感情や意志などを伝え、それに相手が応答し、その言葉を聞くことを通して次第に獲得されていく」とあるように、子どもの言葉の獲得において、身近にいる保育者の存在が非常に大きいことは明らかである。

　子どもは、保育者の応答的な関わりや話しかけにより、自ら言葉を使おうとしたり、ごっこ遊びをするなかで言葉のやり取りを楽しんだり、保育者の言葉や話に興味や関心をもち、親しみをもって聞き、まねしたり応えたりする。そして、その子どもの反応にまた保育者が応えていくというプロセスの繰り返しのなかで、子どもは言葉を獲得していき、安心して話をするようになるのである。

② 言葉の発達を支援する際の留意点

　言葉の発達を支援する保育者の留意点として最も大切なことは、保育者は常に複数の子どもを相手にしているが、基本となるのは一人ひとりの子どもたちとの関係性を大切にするということである。保育者が子どもたちを受容し、共感するなかで子どもたちとの信頼関係が生まれる。そして信頼関係が成立してはじめて言葉の支援が可能になるのである。このことから、まず保育者は一人ひとりの子どもと信頼関係を築くことが求められる。そのために保育者は、常に子どもの姿をよく観察するとともに子どもの声に耳を傾けることが必要になる。

加えて、子どもの態度（身体）から発せられる声にならない言葉や、子どもが言葉として発せられない「気持ち」を汲み取ることも重要である。子どもの思いを的確に受け止めることは言葉の支援には欠かせないのである。

　また、年齢や言葉の発達段階によって言葉かけも変わってくる。赤ちゃんのときは保育者がその表情や身振りを読み取り、保育者自身も表情や身振りで応えたり、声をかけたり、調子を合わせながら、信頼関係を築くことが重要となる。言葉を少しずつ獲得しはじめる時期には、保育者は「聞き役」に徹して子どもが話したいと思うことを理解し、時には子どもの気持ちを代弁したり、スムーズに話せるよう導いたりすることが大切になる。語彙数が急激に増える時期には子どもができるだけたくさんの言葉を吸収できるように絵本や物語を読んだり、紙芝居を演じたりするなど、環境を整えることが求められる。

　さらに、子どもは保育者の何気ない一言で傷つき泣いたりすることがある一方で、さりげない言葉に喜び、成長することもあるため、保育者の言葉は子どもたちに大きな影響力をもっていることも忘れてはならない。

(2) 保育と言葉

　毎朝、登園すると「おはようございます」の挨拶からはじまり、「いただきます」「ごちそうさま」の食事の挨拶、降園時の「さようなら」の挨拶まで、保育者は子どもたちと実にたくさんの言葉を交わす。時には褒めたり、認めたり、叱ったり、また、子どもと一緒に笑ったり、泣いたり、感動したりするなかで信頼関係を育んでいく。

　こうした日常生活において、子どもたちは保育者の話す言葉を聞き、時には保育者の言葉のまねをしながら子ども自身の言葉を獲得していくのである。つまり、保育者が発する言葉のすべてが、子どもが言葉を育む際のモデルになるといえる。

　保育の現場では、「クラスの子どもたちがおままごとで幼稚園（保育園）ごっこをしているのを見ていたら、先生役の子どもの言葉遣いが先生（自分）にそっくりであったと同僚に指摘され、驚いてしまった」という話をよく耳にする。子どもたちは保育者の普段の発言はもちろんのこと、口癖、同僚との何気ない会話をよく聞いているため、保育者は自分自身の言葉に責任をもち、子どもの言葉のモデルとなっていることを自覚し、日々の保育にあたることが必要となる。

第2節 自分自身の言葉を振り返る

　保育者は第1節で学んだ内容に加え、社会人として求められる言葉遣いができなければならない。なぜなら保育の現場において保育者は、子どもたちだけでなく、保護者とコミュニケーションを取ることが多く、その際に挨拶や礼儀、マナーも求められる。だからこそ、自分自身の言葉（保育者としての言葉）が大切なのである。

　第2節では、普段の生活で何気なく使っている言葉について振り返って考えてみたい。もし、自分自身で気づかない場合は、家族や友だち、学校の先生にあなたの言葉遣いについて聞き、特徴を整理してみよう。

言葉遣いチェックリスト

①**学校の先生、ボランティアや実習先の教職員、利用者と話すとき、敬語を使わず、いわゆる「タメ語」になっていないか。**

　「これでいい?」「どうする?」など、友だちに話しかけるような言葉遣いになっていないだろうか。また、「お」「ご」をつければ敬語になると勘違いをしていないだろうか。よく考えないままむやみに「お」「ご」をつけると逆におかしな言葉になってしまうので注意したい。

　社会人として円滑な人間関係を築くには敬語は不可欠であるため、日頃から常に丁寧な言葉を使うことを心がけ、「これでよろしいでしょうか」など、自分なりによく考えて敬語に慣れるように努めることが大切である。

②**「見れる」「食べれる」など、「ら」抜き言葉を使っていないか。**

　現在ではいわゆる「ら」抜き言葉が一般化しているが、子どもたちの言葉を育てる役割を担う保育者としては、正しい日本語を使うように心がけたい。普段から新聞を読んだり、アナウンサーの話し方を参考にしたり、文学にふれたりしながら、自己の日本語力を高めることも大切である。

③**返事をきちんとしているか。うなずきで片づけていないか。**

　呼ばれたら必ず「はい」と大きな声で返事をするよう努めたい。質問されたときは自分に当てはまらなくても「いいえ」「違います」などの意思表示をはっきりすることが求められる。わかっているからと自分で判断し、うなずきで済ませたり、「へぇー」「ふーん」という曖昧な言葉を返したりするのではなく、相手に体や顔を向け、目線を合わせて返事をすることが大切になる。

④**「わかりません」「ありがとうございます」「ごめんなさい」がきちんといえるか。**

わからないことがあるときに、「わからないので教えてください」と助けを求めることは決して恥ずかしいことではない。わからないことをわからないままにしておく方が恥ずべきことである。わからないことや困ったことがあれば素直に聞いてみる方がよい。
　また、何かしていただいたら「ありがとうございます」と感謝の意を表し、こちらに非があるときは時間を置かずに「申し訳ございません」と謝罪するなど、場面に応じた言葉遣いができるようにしなくてはならない。その際、態度も言葉の一部と考え、上辺だけの感謝や口先だけでの謝罪にならないように注意したい。

⑤「書き言葉」と「話し言葉」の区別はついているか。
　何かを書く際に、友だちと話すときやＳＮＳで使用するような言葉で書いていないか。たとえば、「〜だなぁと思った」「やっぱ〜だから」や語尾に「！」「？」をつけていないか。

⑥人の話を最後まで聞いているか。
　誰かが話している際に最後まで話を聞かず、自分が話し出していないか。人の話は最後まで聞いてから自分が意見をすることや、保育者として「聞く力」を育てることを心がけたい。

⑦主語があるか。
　話をする際に主語がないと何を話しているのか相手に伝わらないことも考えられる。５Ｗ１Ｈを意識し、相手に伝わりやすい話し方をするよう心がけたい。

　さて、あなたはいくつ該当しただろうか。当てはまるものがあれば、すぐにでも自分自身の言葉を見直さなくてはならない。私たちは日常生活のなかでたくさんの言葉を話すが、言葉を話すときに言葉遣いを意識して話すことは意外に少ない。これを機会に改めて自分自身の言葉について考えてほしい。
　次節では上記の内容もふまえ、事例をもとに保育者の言葉について考えてみることとする。

第3節　事例からみる保育者の言葉

事例１）「ここ」はどこ？（年少児の保育室にて）

　１０月の誕生会当日、写真を撮ろうとデジタルカメラのストラップを首からかけたＡ先生は、誕生日プレゼントのリボンを結んで

> た。手が塞（ふさ）がっていたA先生はB児に「B君、ちょっとここ切ってくれないかな」とお願いした。
> 　B児：「どこ？」
> 　A先生：「ここ、ここ」
> 　B児がA先生の指示通り、はさみで切ったその瞬間、A先生のデジタルカメラが床に落ちた。B児はA先生のデジタルカメラのストラップを切ってしまったのだった。手にもっていたリボンを切ってもらうつもりだったA先生は「なんで？」とB児に尋ねた。するとB児は「だって、先生が『ここ切って』って言ったから」と答えた。確かにA先生は「手にもっているリボン」とはいわず、「ここ」と言っていたのであった。

　A先生の「ここ」は「手にもっているリボン」であり、B児の「ここ」は「デジタルカメラのストラップ」であった。両者の「ここ」の認識のズレが出たわけである。

　この事例での問題点は何か。それはA先生が「ここ」という指示語を使ったことである。A先生がB児（自分以外の人）も自分と同じ考えであると思い込んでしまった結果、指示語の曖昧さに気づかず、B児が確認したときも「手にもっているリボン」と特定せずに「ここ」という指示語で答えてしまったのである。

　このような場面は日常生活のなかではよくあることである。私たちは普段の生活のなかで「あれを取って」「それをもってきて」「これだよ」など、名称や物事を特定するのではなく、指示語という曖昧な言葉ですませてしまいがちである。保育の場面、特に子どもたちと話す場合においては指示語ですますのではなく、きちんと名称を言うなど、はっきりとわかりやすく話すことが大切である。

事例2）「おかわりをしたいと言ったのに、残しました」（新入園児の連絡帳）

> 　C児の母親はフルタイムで働いているので、保育園でのC児の様子がよくわからない。入園したばかりでC児が保育園で泣いていないか、友だちはできたかなど、園での生活を心配する母親にとって、連絡帳の先生からのコメントは楽しみであると同時に、園生活を知る唯一の手段であった。

> ある日の連絡帳には、「Cちゃんはおかわりをしたいと言ったのに、残しました」と担任のD先生からコメントがあり、それを読んだC児の母親は悲しくなってしまったのである。

　C児の母親はなぜ悲しくなったのだろうか。それはD先生のコメントからではC児の様子が全く想像できないからであろう。

　D先生のコメントの意図を汲み取って解釈すれば、給食のおかわりをしたのに残してしまったと状況が理解できる。しかし、この書き方ではD先生以外には通じないと考えられる。たとえば、「給食のときにおかわりをほしいと言われたのでおかわりをあげました。しかし、おなかがいっぱいになってしまったのかCちゃんは残してしまいました。Cちゃんが自分からおかわりしたいと言ったということは、園生活にもだんだんと慣れ、自分が出せるようになっていると考えられます。残してしまいましたが、発言できたことを褒めたいと思います」など、詳しい状況説明に加えて、そのときのD先生の気持ちを書けばC児の母親にも様子が伝わり安心し、うれしく思ったのではないだろうか。

　連絡帳は保護者が普段目にすることができない園での子どもの生活を知る有効な手段であり、保護者にとって担任の先生からのコメントは楽しみの一つであろう。保育者はそのことをふまえ、淡々と事実や連絡だけを書くのではなく、子どもができるようになったことや食べられるようになったもの、友だちとの遊びに関すること、子どもとの心温まるエピソードや子どもの何気ないつぶやきなど、普段の子どもの姿や子どもの園での生活が垣間見えるような書き方をする心遣いも必要ではないだろうか。

事例3）「なんで走ってはいけないのかわかる？」（年中児への対応）

> E児は明るく元気な男の子で、いつも園庭を走り回っている。ある日、廊下を走っていたので、担任のF先生に注意されたが、止まらずにそのまま走っていた。ちょうどそのとき保育室から出てきた年長児とぶつかり、E児は転んでしりもちをついたが、幸いE児にケガはなかった。
>
> 　F先生はE児に対して、「なんで廊下を走ってはいけないのかわかる？」と問いかけ、E児に考えさせるように促した。

子どもが危険な行為をしているときには、保育者は注意・叱責を行うことが必要である。しかし、その場合、保育者が一方的に注意・叱責を行うのではなく、事例中のF先生のように、まずは行動の善悪などをしっかりと考えさせることが必要である。そのうえで保育者が子どもにわかる言葉で注意・叱責を行うのである。そうすることによって、子ども自身が注意・叱責されたことを整理・理解することができるのである。

保育者は子どもを指導・支援する役割があるが、子ども自身に考えさせる言葉がけをすることも、保育者の役割としては必要なことである。

事例4）「この花はチューリップっていうんだよ」（年少児のつぶやき）

> G先生はお花が大好きである。保育室にはいつもお花を飾っている。あるとき、H児が「先生、この花きれい。いいにおいがするね」といったので、「この花はチューリップっていうんだよ」と花の名前を教えると、H児は「チューリップ、チューリップ」と繰り返しながら微笑んだ。
>
> 翌日の連絡帳にH児の母親から「昨日の帰り道、Hが『ママ、この花、チューリップっていうんだよ』と教えてくれました。先生が教えてくれたとよろこんでいました」とコメントがあった。G先生は何だかうれしくなった。

G先生とH児の日常の会話が、H児とH児の母親の会話につながったことで、母親のG先生に対する親しみや信頼が増した事例である。

このように花が好きな先生のクラスの子どもは花に詳しくなったり、昆虫が好きな先生のクラスには昆虫博士がたくさん誕生したり、電車が好きな先生のクラスには電車好きの子どもが増えたりするなど、保育者の趣味や好きなものをとおした日常の何気ない会話が子どもたちに影響を与え、子どもの興味・関心に発展するのである。

事例5）「クリームおいしいね」（年少児の給食時にて）

> 2月生まれのI児はまだうまく話すことができないが、挨拶は得意で毎朝、園内の全員に「おはよう」と言って回っている。
>
> ある日の給食でのことだった。クリームパンを食べながらJ児が「クリームおいしいね。ぼくクリームパン大好き」と言うと、クラ

スのあちこちから「本当だ。おいしいね」「ぼくもクリームパン好き」「わたしも大好き」という声があがり、Ｊ児を中心にクリームパンの話題で盛り上がった。Ｊ児の横に座っていたＩ児も「ね、ね」とニコニコしながらうなずいていた。

　それからしばらくすると、Ｉ児は登園するなり、Ｋ先生に「クリーム、ね、ね」とニコニコしながら話しかけるようになり、給食の時間にクリームパンが出なくても「クリーム、おいしいね」とニコニコしながら話すようになった。

　しばらくするとだんだんクラスの子どもたちから「今日はクリームパンじゃないのにおかしいよね」という声がではじめた。そこでＫ先生は「Ｉ君、クリームおいしいね」とＩ児に話しかけ、次にＪ児に「Ｊ君、Ｉ君もクリームパンが大好きなんだって」と付け足すように話した。するとＪ児が「Ｉ君もクリームパン好きなの？　ぼくと一緒だね」と笑った。Ｉ児も「クリーム、ね、ね」とうれしそうに笑った。

　なぜクリームパンが出ない給食でもＩ児は「クリーム」といったのだろうか。それはＩ児のいう「クリーム」は「クリームパン」のことではなく、「クリームパンがおいしいといったＪ児」のことをさしているのである。まだうまく話すことができないＩ児は、Ｊ児と仲良くなりたくてもその気持ちをどう伝えればよいかがわからず、そのため「クリーム」という表現になったのではないかと推測できる。

　Ｋ先生はこのことに気づき、Ｉ児の気持ちを汲み取り、Ｉ児の気持ちを代弁し、Ｊ児への橋渡しを行ったことで、Ｉ児とＪ児は友だち関係を築くことができたのであった。

　このように保育者は、子どもの「声にならない言葉」を汲み取って的確に思いを受け止めるとともに、伝えたい相手がいる場合はその言葉を伝える橋渡しの役割も担うのである。そのためには、日頃から子どもたちの様子をしっかりと観察しておくことが必要になる。

第4節　保育者自身の言葉を育む

　事例を考えるなかで、保育者の言葉の重要性や保護者の役割・責任について再認識し、また、「自分ならこんな言葉がけをする」「こんな支援をする」という自分なりの支援の仕方を考えた人もいるだろう。

　さて、子どもの豊かな言葉を育てるために最も大切なことは何だろうか。それはまず、子どもと関わるあなた自身の言葉である。第2節のチェックリストなども参考に、再度、自分自身の言葉について考えてみてほしい。

　子どもたちの感じる力、表現する力を育むためには保育者の支援が不可欠であり、そのためには保育者が豊かな感性を備えていることが求められる。自分の感性について考えるとともに、美術館や博物館に行ったり、絵本や紙芝居、文学作品をたくさん読んだり、音楽を聴いたり、映画や舞台、芝居を観たりするなど、豊かな感性を育む努力をすることが必要である。また、植物を育てたり、動物を飼育するなど、生活のなかのさまざまな体験のなかで五官を十分に刺激し、便利さや物質的な豊かさだけにとらわれず、自分自身が自然現象に興味をもちそれを言葉にするなど、たくさんの生活体験をすることも重要である。

　ここまで学んできたように保育者には「子どもの言葉の育ちを支える」役割が求められるため、保育者をめざす者として、自分自身の言葉を育むために常日頃から好奇心をもち、さまざまな体験をするとともに自己の見識を広げる努力を怠らないでほしい。

【参考文献】
網野武博・無籐隆・増田まゆみ・柏女霊峰　『これからの保育者にもとめられること』
　ひかりのくに　2006年
小田豊・芦田宏編　『保育内容 言葉』　北大路書房　2009年
谷田貝公昭・上野通子編　『これだけは身につけたい保育者の常識67』　一藝社　2006年
寺見陽子編　『子育ち・子育て支援学』　保育出版社　2011年
成田徹男編　『保育内容 ことば 第2版』　みらい　2010年
松川利広監修、横山真貴子編　『子どもの育ちと「ことば」』　保育出版社　2010年

実技編

第8章
児童文化財（1）

第1節　児童文化とは

　児童文化は、子どものための文化活動や運動の総称であり、子どもが健全に発達し、よりよい未来を築いていくためには、どのように子どもを取り巻く環境を整え、いかにして子どもの成長・発達を促していくかを考えていく文化である。児童文化という言葉は昭和初期から使われるようになったが、その背景には、大正時代の鈴木三重吉の『赤い鳥』の普及にみられるような大人が子どもを意図的に教育しようとする児童文化運動の歴史があった。

　範囲としては、子どもが生み出す文化のみならず、広くは子どもの生活文化や大人が子どもに伝達する児童文化財、児童施設や機関に至るまでを児童文化としてとらえるのが一般的となっている。日常的に保育や幼児教育の現場でも活用されている児童文化財には、長い間子どもに親しまれ、子どもの発達に欠かせないものが多い。

　本書では、有形無形の多くの児童文化財のなかから、特に幼児教育と関連の深い11種類を選び、その魅力や活用の仕方、展開について解説する。第8章では、絵本、ストーリーテリング、紙芝居を、第9章では、言葉遊び、伝承遊び、詩を、第10章では、ペープサート、パネルシアター、エプロンシアター、人形劇、劇遊びについて述べていくこととする。

第2節　絵本

（1）絵本とは何か

　子どもにとって、絵本とは大人が読み聞かせることによって、物語や言葉、また絵の世界を楽しみ、イメージの蓄積を行い、想像力を羽ばたかせること

ができる総合芸術である。絵本を体験することで、リズミカルな言葉や美しい文体を自然に身につけることができるだけでなく、絵を楽しみながら、知識や思考力、豊かな想像力や広い視野を獲得していく。また、絵本の読み聞かせは、読み手の愛情が絵本の記憶とともに聞き手の子どもの心に流れ込み、将来にわたって、読み手との安定した信頼関係を結ぶことにつながっていく。幼児期は特に、大人が子どもに読み聞かせを行うことが大切である。

　絵本が子どもの言葉の発達や心の糧となるためには、質のよい絵本を選ぶ必要がある。この選ぶ目を養うことは、保育者になる者にとって、大切な学習である。そのため本章では、選ぶ力を養い、継続的な選択眼をつけることを目的として、絵本のリストを掲載せず、あえて判断基準を提示することにしている。

　絵本は、文字と絵で構成されており、読者がイメージを働かせながら、ページをめくることによって展開していく。絵本は、視覚のメディアではあるが、テレビやアニメーションのような秒刻みに進行する映像文化と違い、ゆっくりページをめくりながら、ページとページの間の描かれていない部分や時間を想像することができる。次の場面が「どうなるのか」といった期待やスリルをもちながら、ゆっくり自分のペースで楽しむことができることも特徴である。

　絵本は、子どもに手渡されるまでの道のりも長い。「本の型、重さ、紙質、色彩、表紙から見返し、扉、ジャケット、活字、絵、すべてのレイアウトやデザイン性」が、作者と画家、編集者によって配慮され、書店に並んでからは、保護者、教育関係者、保育者等に吟味、選別されてはじめて子どもに手渡される。製作者側の意図や直接購買する大人の読者の趣味、好みによって、絵本は二重三重の媒介者を経ていることになる。

（2）絵本の種類

　絵本の内容により、次の10種類に分類することができる。

　①赤ちゃん絵本[*1]、②言葉の絵本[*2]、③昔話絵本[*3]、物語絵本[*4]、⑤ポストモダン絵本[*5]、⑥文字なし絵本[*6]、⑦科学絵本[*7]、⑧写真絵本[*8]、⑨バリアフリー絵本[*9]、⑩しかけ絵本[*10]。

（3）絵本の役割

① 子どもが追体験できる

　子どもは、絵本の登場人物に自分を同一化してストーリーを聴いている。

---

*1　赤ちゃん絵本
幼児期に、まわりの大人が語りかけや愛情表現として読み聞かせる絵本。日常出会うものを描いた『くだもの』（平山和子作・絵　福音館書店　1981年）、日常的な生活体験を描いた『くっついた』（三浦太郎作・絵　こぐま社　2005年）等がある。イギリスの「ブックスタート」運動を取り入れ、赤ちゃん絵本を0歳児に配布している自治体も多い。

*2　言葉の絵本
なぞなぞや言葉遊び、詩、わらべうた等の絵本。

*3　昔話絵本
伝承昔話を絵で語った絵本。原話の筋を変更した改作は、本来の意味が失われてしまうので、気をつけたい。

*4　物語絵本
最も出版点数が多い。主人公に同一化して、読者がさまざまな体験を楽しむことができる。

*5　ポストモダン絵本
1980年代以降に流通しはじめた、斬新で現代的な絵に重きを置いた絵本。現代美術を取り入れたものが多い。

*6　文字なし絵本
文章がなく、絵のみで想像しながら読む絵本。

*7　科学絵本
自然科学、社会科学などの世界を写真やイラストでわかりやすく解説した絵本。

*8　写真絵本
写真のみで物語を構成した絵本。

*9　バリアフリー絵本
触ったり、音が出たり、障がいのある子どもが楽しめる絵本。

*10　しかけ絵本
子どもが自分で動かしたりできる工夫がされた絵本。高額な本も出版されている。

そのため、お話の内容を自分のこととして受け止めている。その結果、気に入った絵本を読んでもらいたいと読み手に繰り返しせがむことも多い。

② 感動し、情緒を育てる

　絵本の世界は、総合芸術といわれる。耳に心地よい文章や美しい絵とともに、絵本のストーリーはさまざまな感動を与えてくれることがある。次のページで何が起こるのかを想像しながらページをめくるドキドキ感も、絵本の醍醐味であろう。このことは「ページめくりのドラマ」と表現されることもある。

③ 想像力を豊かにする

　絵本は、子どもたちの視野を広げ、未知の世界への想像力を羽ばたかせるきっかけとなる。また、子どもが体験したことのある場面やものに触れることにより、日常生活の再確認ができ、より認識を深めていくことにつながっていく。

④ 語彙を豊富にする

　爆発的に語彙が増加する幼児期には、多くの言語体験をさせたいものであるが、日常生活で使用する言語や会話には限度がある。絵本による豊富な言語体験は、確実に子どもの語彙を増やしていく効果がある。

⑤ 言語感覚を身につける

　語彙を増やすだけではなく、言葉の感覚やおもむきは、一度や二度聞いただけでは身につかない。絵本は、登場人物の体験を自分のものとすると同時に、言語感覚に対する鋭い感性を磨くことができる。

⑥ 文字に関心をもつ

　幼児期は、絵を読み、耳で大人が読んでくれる言葉を聞きながら、文学を楽しむことを最優先に考えていく時期である。小学校就学前になると、自然と文字への興味が湧き、文字を覚えることもあるが、絵本を文字を読む教科書とすることは、避けるべきである。

⑦ 知的好奇心を満たす

　幼児期は、自分の知らない世界への尽きない興味・関心が活発な時期である。しかし、子どもの生活範囲や環境は限られている。絵本を開くことで、日常の延長または非日常の体験ができることも、子どもにとって絵本が魅力的なものになる要素の一つであろう。

⑧ 考える力を育てる

　絵本を読み聞かせてもらう過程で、子どもは、絵本の主人公の行動やストーリー展開を予想し、考えを深めていく。思考力や想像力、倫理観、価値観の育成につながるであろう。

⑨　知識や視野を広げる

　知識や常識、視野を広げていくのは、絵本のみならず、読書体験全般の喜びである。新しい考え方や人生の歩み方も学ぶことができる。

（4）読み聞かせの基本

① 　読み聞かせにあった絵本を選ぶ

　集団での読み聞かせには、絵がある程度はっきり描かれているものがよい。描き込みの細かいものや薄い淡い色調の絵本、また写真絵本は遠目には見えにくく、集団には向かない。

② 　下読みをしておく

　事前にきちんとストーリーを把握し、登場人物の特徴や性格を知り、起承転結に合わせた読み方を練習しておくことや、言葉につまらないように練習することは必要最低限の準備である。

③ 　見やすい環境を設定する

　子どもが座る位置や読み手の位置は、集中しやすいことを最優先にする。人通りが多い場所や光が顔に当たる環境は、集中力を欠いてしまう。読み手は壁を背にして座るか、カーテンを閉めるとよい。

④ 　絵本のもち方・高さに注意する

　子どもが床に座る場合は、読み手は椅子に座り、子どもが椅子に座る場合は、読み手は立って読む。絵本は本の真ん中の綴じを下から支えて、子どもの目線が無理なく追える位置に立ててもつのが鉄則である。初心者は、自分が見やすいように、斜め上方向に傾かせがちなので、注意が必要である。

⑤ 　絵本のめくり方に注意する

　話の展開がスムーズに進むように、次のページをめくる準備をしておくことが大切である。急な展開はさっとめくり、想像させたい場面や時間の経過を表現するときは、ゆっくりとめくるなど、緩急をつける工夫が必要である。

⑥ 　表紙から裏表紙まできちんと読む

　作者や製作者は、本文だけでなく、表紙や見返し、中扉、裏表紙に至るまで、心を配って本づくりをしている。絵のなかに本文にはないヒントやストーリー展開が隠されている場合もあるので、最初から最後まで丁寧に見せることを心がけたい。

⑦ 　子どもの反応を見ながら読む

　絵本の方向ばかりを向いて文字を追うのではなく、時々、子どもがどんな表情や反応をしているのかを確認することが大切である。双方向のコミュニ

ケーションが絵本の読み聞かせの醍醐味でもある。

⑧ ゆっくり心を込めて読む

　子どもの理解の仕方は大人に比べてゆっくりである。子どもが理解していること、楽しんでいることを確認しながら、丁寧に読み進めていきたい。

⑨ 読み終えた後、すぐに感想を求めない

　絵本を読み終えた後、すぐに感想や質問をすると、子どもは純粋に絵本を楽しむことができず、質問に備えて聞くようになってしまう。ゆったりと絵本を楽しむ雰囲気をつくっていきたい。

⑩ 読み手自身が絵本を楽しむ

　自分が好きな絵本が、子どもに伝わることは大きな喜びである。メリハリがなく心のこもっていない読み聞かせでは、子どもはお話についてこないであろう。読み手が楽しむ姿勢こそが、子どもと楽しみを共有できる原点である。

（5）絵本の選び方

　リリアンH.スミス（Lillian H. Smith）は、『児童文学論』のなかで、よい絵本の見分け方として、「子どもの興味をひきつけるためには、その絵本のアイディアや感情は、ただおとなの考えや情緒を単純にしたものであってはいけない」[1]と述べている。また、「幼児が、一つの絵本のなかに求めているのは、冒険である。自分自身も主人公とともにそのなかに入ってゆき、いっしょにその冒険に加われるような、絵で描かれた物語である」[2]と自分と同一化できる登場人物の存在も欠かせないことを指摘している。

　また、絵本を選ぶ際、特に気をつけたいのは、子どもと大人とは興味や視点が違うことを認識することである。子どもの視点に立った絵本選びをすれば、絵がカラーでも、白黒でも、主人公が動物でも汽車でも、子どもは物語を楽しみ、繰り返し読むであろう。特に何にでも生命があると信じることができるアニミズム的な思考が見られる幼児期には、登場人物が人間である必要はない。

　毎年出版される新しい絵本のなかにも、このような条件を兼ね揃えているものはあるが、30～50年以上出版され続けているロングセラー絵本は、多くの読者が支持してきた経緯がある。新しいもの、流行の絵本は、選び方が難しい点もあり、長く愛され読み継がれている絵本を数多く読み、絵本を見る目を磨きたい。

読み聞かせ絵本選びの尺度

①ストーリーが複雑でなく、わかりやすいか。
②登場人物に子どもが同一化できる人や動物やモノが描かれているか。
③具体的なストーリー展開があり、関連する出来事は子どもにとって関心があるか。
④文章が美しい日本語で、具体的な描写やリズム、繰り返し、オノマトペ（擬音・擬態語）で描かれているか。
⑤絵に芸術的、美的なセンスが感じられるか。
⑥作者のユーモアが感じられるか。
⑦子どもの発達過程に合っていて、子どもにとって満足のいく結末となっているか。
⑧作者や編集者が子どもに誠実に製作した絵本か。

演習課題

①自立を促し、自分でできる喜びを描いた絵本にはどんなものがあるか探してみよう。
②さまざまな行事を想定して、その時期に読む絵本を探してみよう。
③ロングセラー（初版後30年以上）絵本には、どんな絵本があるか調べてみよう。

第3節　ストーリーテリング

（1）ストーリーテリングとは

　ストーリーテリング（storytelling）あるいは「お話（素話）」とは、語り手がテキストを見ずに子どもに語る無形の児童文化財である。視覚に訴える文化があふれる現代の保育環境において、耳から語り手の言葉を聞き、ストーリーを想像しながら聞くことができるお話は、集中力や想像力を育むばかりでなく、保育者と子どもの人間関係も密接にする魅力がある。
　何千年もの昔から、地球上のどんな小さな国の民族でも、独自のお話を語り伝えてきた。お話を楽しんだ人々は耳で聞いて、それをまた次の世代に口頭で話し、無形の文化として語り継いできた。その多くは、口承文学である昔話であるが、やがて印刷技術の発達により、書物化し文字として記録され

るようになっていった。昔話の多くは、各地に存在した語り部が、自分が幼い頃に聞き覚えた話を子孫に語り伝えてきた。現在、各地でお話を語り継いできた語り部の数も少なくなってきたが、長い間、昔話は、同じ地域、民族の共通の文化として、民族内や家庭内での自然の営みとして子育てにも使われてきたのである。

現代のストーリーテリングは、1960年代にアメリカやイギリスの図書館の児童サービスの一環としてはじめられ、本と子どもを結びつける一つの手立てとして普及してきた。言葉こそ目新しかったものの、内容は、昔から語り継がれてきたお話の流れを汲むものであった。図書館で行われるお話会とは、お話の時間に集まる20名前後の子どもたちに、図書館員やボランティアが生の声で、子どもたちの顔を見ながらいくつかのお話を語る形式が一般的である。アメリカの図書館学を学び、帰国後、公益財団法人東京子ども図書館において、ストーリーテリングの普及に努めてきた松岡享子は、「語り手が、主に声によって表現し、それを聞き手ともどもたのしむ文学」[3]と、お話を定義している。

ストーリーテリングを語る技術の習得は、保育者をめざす過程で必須である。本節では、語る技術、お話を選ぶ方法、語りの実際を述べる。

（2）保育とお話

お話には、次のような教育的効果が期待できる。

① 信頼感を深める

語り手と子どもが直接目を見つめ合い、互いにアイコンタクトを取りながら進めていくお話は、保育者と子どもとの距離を縮める効果がある。「今ここではない世界」に遊ぶことは、子どもの想像力を広げながら、異世界を保育者と共有することができ、大人とのつながりを実感できるチャンスでもある。相手にこの話を「伝えたい」という気持ちで語る保育者は、子どもの様子を把握し、生の声でたっぷり愛情を注ぎながら語ることができる。そこには、声優や俳優が朗読したCDでは育めないコミュニケーションが生まれる。感動を共有することによって、相互に信頼関係が育ち、子どものなかにお話をしてくれた保育者に対する愛情と信頼感が深まっていく。

② 共有する財産となる

大好きな先生が語るお話は、子どもたちに「聞きたい」という意欲を引き起こさせ、保育者と子どもとの安定した関係を構築する。お話は、いつでもどこでも、道具を使わずにできるため、対象が1人であっても、ある程度の

人数に対しても対応できる。午睡から普段の保育時間、またはお誕生会等の行事の際にも活用でき、そのグループにとって、共有できる文化的な財産となっていく。

③ 意欲、集中力が育つ

　子どもにとって、おもしろくて、発達過程に合ったお話を聞く経験を積み重ねることは、集中力を高め、また聞きたいという意欲を育てることにつながる。聞く力は経験によって育まれるが、楽しく自発的な体験がもとになることが必要である。保育者は、子どもたちの興味・関心に応じたお話を選ぶことが大切である。

④ 理解力、思考力が育つ

　子どもたちは、お話を聞くとき、耳で言葉を追いながら、頭のなかではあらすじや登場人物、背景を理解し構成を組み立てている。視覚で補う材料がない分、理解力、思考力が必要となり、脳の活性化を促している。

⑤ 空想の世界の間接体験ができる

　子どもは、お話の主人公に自分を重ね合わせて同一化して聞くことが得意である。特に耳だけで聞いてイメージをつくる練習ができるのは、お話の世界だけであり、子どもたちはお話のなかで、変身したり、魔法を使ったりしながら、別の空間に移動し、日常生活では体験できない空想の世界に想像力を羽ばたかせるのである。こうした体験は子ども時代においてのみできることであり、最も大切なことの一つであろう。

⑥ 心が充実し解放される

　幼児期の子どもは、環境からの影響を非常に受けやすく、その年頃に経験した満足感や充実感は、その後の人生において大きな影響を与えていく。お話に目を輝かせて聞き入る子どもの表情にふれたとき、子どもの心は満たされ解放されていることがわかる。子どもが繰り返しお話をしてもらいたがるのは、この充実したひとときを再び体験したいという気持ちからであり、成長したいという要求からでもあろう。

⑦ 言語感覚が養われる

　言葉は声に出すことによって、文字で読んでいるときにはわからなかったおもしろみが出るものである。繰り返し、リズム、響きの美しさに耳を傾けることは、子どもの言葉を育てるうえで大きな力となる。子どもたちは、一度聞いたお話を驚くほど覚えていることが多い。特に、字がまだ読めない幼児期に聞いたお話は、その後の発達に大きな役割を果たしている。

⑧ クラスで共通体験ができる

　クラスの仲間と一緒にお話を楽しむ経験のなかで、聞き手同士の反応が仲

第8章　児童文化財（1）

間に波及し、相乗効果を生むことがある。グループのなかに少数でもお話をしっかりと聞ける子がいると、グループ全体が引っ張られて、ともに感動し、共通体験として結束を深めていく。時には、お話に端を発して、ごっこ遊びに発展することもあり、自発的な遊びにつながる可能性を秘めているのである。

⑨　読書へと発展する

楽しいお話は、子どもたちの文学への興味を育み、「もっと長いお話を聞きたい」とか「自分でも本を読みたい」という意欲に発展していく。お話の体験が、読書と子どもを結びつける種をまいているといえよう。読書への素地は、習慣的に繰り返されるお話によって培われていく。

（3）お話の選び方

初心者がお話を語るとき、お話のテキスト選びはとても大切である。テキストの文章のなかには、耳で聞いてわかりにくかったり、覚えにくかったりするものがある。最初は、聞きやすい言葉で書かれたテキストから昔話を選ぶと失敗が少ない。また、保育者自身が好きで、子どもに語りたい話であることが基本である。伝えたいという気持ちも子どもに流れ込むからである。

細かくいえば、次のような点にも気を配ることが大切である。
①構成、起承転結がしっかりした話
②人物が少なく、人物設定のしっかりした話
③絵になりやすい話
④子どもの発達過程、人数、興味・関心に合った話
⑤季節に合った話

（4）お話の覚え方

「お話は覚えなくてはいけないのだろうか」という疑問については、次の3つの理由で答えることができる。1つ目は、美しい言葉にふれる機会の少ない子どもたちにいいかげんな言葉で語ることは、お話をする意義が半減してしまうということ。2つ目は、語り手が言葉を探りながらするお話は、聞き手にとっても語り手にとっても安定したものとはならないということ。そして最後は、語り手自身がお話を覚える過程で、想像的な世界で遊ぶ体験をし、自分の糧として消化していくので、日常とは違った精神レベルで架空の世界をつくり出せる利点があるということである。

お話をしっかりと話せるようになるには、言葉を自分のものにするほどの

練習が必要になってくる。しかし、覚える作業は、丸暗記ではいけない。丸暗記は機械的に言葉を入れた暗唱であり、聞き手にとってはイメージの裏づけのない退屈なものとなる。一つひとつの出来事に自分が立ち会っているような臨場感のある語りが忘れられない体験として子どものなかに残っていくため、次の点を意識しながらお話を自分のものにしていく。

① 声に出して下読みをする

　自分の声を自分で聞きながら、話のイメージをとらえていくと雰囲気や全体の流れをつかむことができる。

② 話の構成に従って場面割りをする

　自分が舞台の演出家であったら、この話をいくつの場面で構成するかを考えて場面割りをする。たとえば、『三びきの子ブタ』[*11]では、①親子の別れの場面、②一番目の子ブタがわらの家を建てる場面、③おおかみがわらの家を吹き飛ばす場面…といったように骨組みを確認していく。

③ お話を絵にし、言葉をつける

　三びきの子ブタはどんな大きさなのか、それぞれ、大中小違う大きさなのか、または三つ子のように同じ大きさか、洋服は着ているのかなど、自分の想像力を駆使していく。イメージを絵にしていきながら、その絵に言葉をつけていく作業のなかで特に重要なのは、聞き手の子どもに、おおかみがどんな勢いで家を吹き飛ばしているのかといった速度や勢いを感じとらせる豊かな言葉を届けることである。ここが覚える作業のなかで、最も楽しくできる段階である。

④ 全体をとおして語る

　イメージができあがったら、場面ごとに分けて覚えていき、仕上げの段階では、最後まで通して語る練習をする。力の入れ方、抜き方、緩急、リズム、間（ま）の配分等に気を配りながら、スムーズに語れるようにする。

（5）お話の語り方

① 声

　声は顔同様、十人十色の個性があるが、声の出し方の基本は、聞き手がくつろいで楽に聞けることである。声を無理なく美しく響かせ、正しい発声と発音を日頃から心がけることが大切である。また、自分の声に関心をもち、話のイメージをはっきり伝える訓練も必要である。登場人物の会話部分は、意識的に声色を使う必要はなく、人の声の表現的な特徴である高低、明暗、強弱、緩急、大小を工夫して人物の違いを出せば十分である。

[*11] 三びきの子ブタ
『三びきの子ブタ』は多くの出版社から発刊されているが、ここでは、石井桃子編・訳、ジョン・D・バトン絵『イギリスとアイルランドの昔話』福音館書店 1981年を参考にしている。

② 発音とリズム

語尾が消えてしまう、逆に語尾のみを強調するなど、人には自分ではなかなか気づかない発音の癖がある。滑舌をよくするために、発声練習やヴォイス・トレーニングを取り入れながら、改善していくのも一つの方法である。

③ 間の働き

間には、息つぎ、場面転換、期待、余韻を効果的にする役割がある。たとえば『三びきの子ブタ』では、おおかみが1番目の家を吹き飛ばした後、2番目の子ブタの家に向かう場面転換に間を入れることによって、次の場面への期待や予想の時間が生まれる。また、クライマックス直前の間は、緊迫場面でのハラハラドキドキした期待感となり、効果は大きい。そして、最後のゆっくりと取る間の後の余韻で、聞き手の気持ちを一つにまとめることができる。

④ 速さ

幼児期の子どもが話を理解しやすいように、ゆっくり語ることは重要である。しかし、間延びして一本調子になるのではなく、話の展開に沿って緩急をつけることで、聞き手を引きつける話し方となる。

⑤ 表情とアイコンタクト

お互いに目を合わせながら進めていくお話は、コミュニケーションの基礎である視線を合わす姿勢を自然と身につけることができる。また、アイコンタクトをしながら、話を楽しむうちに信頼感が生まれてくる。表情も語りのうちであり、無表情や無意味な笑顔は話の内容と合わず、聞き手を惑わしてしまうため注意が必要である。

⑥ 三つのS

Simply（簡潔に）、Slowly（ゆっくりと）、Sincerely（誠実に）の3つのSがお話の基本である。物語の持ち味を生かし語ることによって、子どもとともに心からお話を楽しむことが保育者の喜びとなっていくであろう。また、お話の上達の三大秘訣は、「たくさん読む、たくさん聞く、たくさん語る」である。

（6）お話の実際

① お話の場所と人数

お話の聞き手は、10～20人前後が理想的であり、広すぎない落ち着いた雰囲気の部屋で行うと、子どもたちの集中力を高めることができる。並び方は、一列か二列の扇形で、語り手と聞き手がお互いによく見える位置関係で、目を合わせやすい距離であることが大切である。手には、物をもったりせず、

子どもが床に座る場合は、語り手は椅子に座り、子どもが椅子に座った場合は、語り手は立った方が視線を合わせやすい。

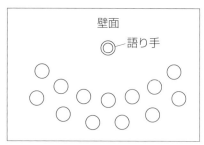

図8-1　並び方

語り手の位置は、背後に窓がない、音や人通りのない環境が必要だが、どうしても窓を背にする場合は、カーテンで光を遮断し、まぶしくないようにする。故意に暗くする必要はなく、静かで落ち着いた空間であればよい。

② はじめ方と終わり方

導入には、手遊び、わらべうた等を歌い、子どもたちがお話を聞く態勢を整える雰囲気づくりが必要である。長い前置きは必要なく、はっきりと聞こえる声で、ゆったり語っていく。途中、質問されたら、さりげなく簡潔に答えるか、目でうなずいてお話の進行を妨げないようにし、お話の終了後に、質問してきた子どもに声をかけて気持ちを汲み取って対応する。難しい単語については、お話の最初にあらかじめ説明しておくのも一つの方法である。

プログラム例

1. 手遊び：「はじまるよったら はじまるよ」
2. 絵本：『どろんこハリー』*12
3. お話：「おおかみと七ひきのこやぎ」

*12 『どろんこハリー』ジーン・ジオン文、マーガレット・ブロイ・グレアム絵（渡辺茂男訳）福音館書店 1964年

第4節　紙芝居

（1）紙芝居とは

1930年頃に誕生した紙芝居は、バリ島の影絵芝居や紙人形芝居に類似したものはみられるが、他国に例をみない日本独自の児童文化財である。絵話、絵芝居、平絵とも呼ばれ、昭和初期の街頭紙芝居から、堀尾青史、川崎大治、高橋五山、稲庭桂子、右手悟浄等によって、教育紙芝居へと姿を変え普及していった。

紙芝居は字の如く、紙の上での芝居であり、脚本に従って8～10数枚の絵を順番に横に抜きながら、物語を展開させていく。演じ手は基本的に一人だが、直接観衆に語りかけるライブ活動の要素が強い。したがって、演じ手は

観客の反応を見ながら、絵を抜くタイミングや声、台詞回しを自在に変化させる技術を必要とする。また、紙芝居においては、声や演出を微妙に変化させて心を通わせていくことも可能となるため、素材の「絵」だけでなく、実演する「演じ手」も重要な要素となり、演じ手の技量が紙芝居の効果を左右することになる。

紙芝居では、実演をとおして直接交流することにより、テレビ等の一方通行のメディアでは得られない双方向性と一体感が味わえる。この点で前出の絵本・ストーリーテリングと共通する特色をもっている。

（2）演じる前の準備

①下読みをすること
②紙芝居用の舞台に絵を入れて声を出して練習する
③演出を工夫する

紙芝居は、物語性の強いものと子ども参加型の主に2種類に分類される。前者では、演じ手は黒子的存在として、舞台の後方で演じるが、後者では、舞台斜め前に立ち、子どもとやり取りしながら、進めていく。どちらの場合でも、①～③の準備が大切である。

（3）演じ方の3つの基本

① 声の出し方

物語性のある作品の脚本は、会話、語り、擬音、擬態語で構成されている。特に会話では、一人で複数の登場人物を表現するので、性格や職業、年齢などの条件によって声を変える[*13]必要がある。また、どんな気持ちで話しているのかなど、状況や場面を考慮する。

② 間の取り方

間には、息つぎ、話の転換、またドラマを生かす効果がある。特にドラマを生かす間には、①観客に期待させる間、②登場人物の気持ちになって、思いをためる間、③情景、状況を納得させる間、④余韻を残す間の4つがあげられる。

③ 抜く技術

①平らに抜く、②途中まで抜いてとめる、③さっと抜く、ゆっくり抜く、④画面を動かす（上下に動かす、まわす、ゆらす など）。

紙芝居は、以上の4つの抜く技術の基本を考えながら、事前に練習し、何度も演じてみることが上達への近道になるといえよう。

*13 本章 p.108「(5) お話の語り方①声」を参照。

図8-2　紙芝居の演じ方3つの基本

【引用文献】
1）リリアンH.スミス著（石井桃子・瀬田貞二・渡辺茂男訳）『児童文学論』岩波書店　1964年　p.205
2）同上書　p.206
3）松岡享子『お話を子どもに』日本エディタースクール出版部　1944年　pp.16-17

【参考文献】
アイリーン・コルウェル著、石井桃子訳『子どもと本の世界に生きて――児童図書館員のあゆんだ道』　日本図書館協会　1974年
浅木尚実編『絵本から学ぶ子どもの文化』同文書院　2015年
右手和子『紙芝居のはじまりはじまり－紙芝居の上手な演じ方』　童心社　1986年
子どもの文化研究所編『紙芝居－子ども・文化・保育』　一声社　2011年
瀬田貞二『絵本論』福音館書店　1985年
瀬田貞二『幼い子の文学』中公新書　1980年
泰羅雅登『読み聞かせは心の脳に届く』くもん出版　2009年
ドロシー・バトラー著、百々佑利子訳『クシュラの奇跡－140冊の絵本との日々』のら書店　1984年
中川李枝子『絵本と私』福音館書店　1996年
中川李枝子『子どもはみんな問題児。』新潮社　2015年
中川李枝子『本・子ども・絵本』大和書房　2013年
ポール・アザール著、矢崎源九郎・横山正矢共訳『本・子ども・大人』紀伊国屋書店　1986年
松居直『絵本とは何か』日本エディタースクール出版部　1973年
松居直『絵本の現在　子どもの未来』日本エディタースクール出版部　1992年
松居直『絵本をみる眼』日本エディタースクール出版部　1978年
松居直『絵本を読む』日本エディタースクール出版部　1983年
松居友『わたしの絵本体験』大和書房　1986年
松岡享子『えほんのせかい　こどものせかい』日本エディタースクール出版部　1987年
松岡享子『お話を語る』　日本エディタースクール出版部　1994年
松岡享子『お話を子どもに』　日本エディタースクール出版部　1994年
谷地元雄一『これが絵本の底ぢから！』福音館書店　2000年

リリアン・H．スミス著、石井桃子・瀬田貞二・渡辺茂男訳『児童文学論』岩波書店
　　2016年
ルース・ソーヤ著（池田綾子・上条由美子・間崎ルリ子・松野正子訳）『ストーリーテラー
　　への道－よいおはなしの語り手となるために』　日本図書館協会　1973年
脇明子編『子どもの育ちを支える絵本』岩波書店　2011年
渡辺茂男『絵本の与え方』日本エディタースクール出版部　1978年
渡辺茂男『幼年文学の世界』日本エディタースクール出版部　1980年

第9章
児童文化財（2）

　レイチェル・カーソン（Rachel L. Carson）は、「『知る』ことは『感じる』ことの半分も重要ではない」[1]と、感性を揺さぶる体験の必要性について述べている。

　幼い子ども時代は、「センス・オブ・ワンダー＝神秘さや不思議さに目を見はる感性」[2]を育むときであり、「わたしたちが住んでいる世界のよろこび、感激、神秘などを子どもといっしょに再発見し、感動を分かち合ってくれる大人が、すくなくともひとり、そばにいる必要がある」[3]と保育者の役割の重要性にもふれている。

　同様に「知識よりも経験を！」[4]と、知ることよりも経験すること、感じ取ることの重要性を説いたのは、スイスの音楽教育家でリトミックの創案者として知られるエミール・ジャック＝ダルクローズ（Emile Jagues-Dalcroze）であった。その経験とは、見ることや聞くことだけでなく、身体全体もしくは身体の動きを伴って能動的に感じ取ることを意味している。

　幼児の言葉はさまざまな遊びをとおして育まれていく。実体験からかけ離れたたくさんの言葉を覚えること（知識）ではなく、身近な人と言葉を交わし、心を通わせる楽しい活動（体験・経験）をとおして言葉の感覚を養うことが望ましい。

　本章では「児童文化財（2）」として、言葉遊びについて学んでいく。具体的には、言葉や音そのもののリズム、響きを楽しむ遊びや、言葉の意味や使い方、文字への興味・関心を高める遊び、子どもの生活や身近な自然の事象と言葉が一体化した伝承遊びなどを紹介する。本章で学ぶ内容を理解し、将来保育の現場に出た際に子どもと繰り返し楽しみながら、創意工夫によって遊びが一層おもしろく発展し、言葉の世界が豊かに広がることを期待する。

第1節　言葉遊びとはなにか

　言葉遊びの歴史は古く、主として「なぞ」と「しゃれ」を中心としたものであった。日本で最初のなぞなぞは平安時代に遡り、高貴な身分の教養高き大人が楽しんでいた。江戸時代に庶民の間に広まり、明治時代以降は子どもに人気の遊びとなった。このほか、回文（逆さ言葉）、舌もじり（早口言葉）、しりとり、アナグラム（つづりかえ）などがある。このような遊びをとおして、言葉や音のリズムを楽しんだり、文字や漢字に親しんで教養を高めてきたといえる。

第2節　子どもと楽しむ言葉遊びの実践

（1）なぞなぞ

　なぞなぞは、本来とんちをきかせた答えが求められる。「入口1つ、出口は2つ。なあに？　答：ズボン」は観察型・描写型、「赤い服を着て紙を食べるのが大好き。なあに？　答：ポスト」は擬人化がキーワードである。「立てば低くなり、座れば高くなるもの。なあに？　答：天井」など反対現象で迷わす型には多くの作品があるので、調べてみたり、子どもと創作してみるのもよいだろう。

① 事例：当てっこ遊び

> **遊び方**
> 　園生活で身近にあるものの絵カードや実物を用意する。保育者が箱から絵カードを取り出し、「外遊びのときにかぶります」などと特徴を表すヒントを言う。また、代表の子どもに絵カード（または実物）を見せ、「それはどこで使いますか」「どんな味ですか」などの質問をして他の子どもたちが答えを当てる遊び方に発展させることもできる。
> 　保育者とのやり取りをとおして、現象・行為や変化を表す動詞、もののありさまを表す形容詞・副詞の習得とそれに対する思考活動が展開される。答えがわかったら手を挙げる、指名された子どもが答えるときは静かに聞くなどのルールを守って遊ぶことが大切である。注目されると答えられなくなる子どもがいるが、急かさずに待ち、「もう少し考えてみる？」などと声をかけて他の子どもたちとともに温かい雰囲気のなか

で行うことに配慮したい。

(2) しりとり

しりとりは、単語を構成する最初の音や文字、最後の音や文字に気づいたり、語彙を豊かにできる遊びである。

① 事例：基本のしりとり

遊び方

最初に好きな単語を言い、次の人はその単語の尾音が頭音になる名詞を考える。使える言葉は1つの名詞に限る。同じ言葉は使えない。最後の文字に「ん」がついたら負け。濁音・半濁音は清音に変えてもよい。

写真9-1　しりとり

写真9-1の保育者は、3歳児が理解しやすいように絵と文字でしりとりの経過を示している。ある日は「きのこ→こま→まくら→ラッパ→パーマ」で終わり、保育者は継続した遊びになるよう最後の言葉をボードに書き残した。このような配慮によって子どもたちは翌日の遊びを心待ちにする。

また、写真9-2、3は、1つの面に1文字を書いた立方体と、絵を描いた立方体をつくり、基本のしりとりをしながらパズルを組み立てる遊び「パズルDEしりとり」である。5歳児が選んだ言葉は、「りんご→ごりら→らっぱ→ぱんつ→つみき→きんぎょ→よーぐると→とうきび→びーだま→まかろん」である。

写真9-2　パズルDEしりとり①

写真9-3　パズルDEしりとり②

② 事例：意味とり

> **遊び方**
>
> 言葉の意味から連想する言葉をつなげる。
> 「さよなら三角またきて四角　四角は豆腐　豆腐は白い　白いは兎　兎は跳ねる　跳ねるは蛙　蛙は青い　青いは葉っぱ　葉っぱは揺れる　揺れるは幽霊　幽霊は消える　消えるは電気　電気は光る　光るはおやじのはげ頭」の歌は有名であるが、地方によって異なる言葉が使われている。『さよならさんかく』[*1]の絵本を導入として用いるとイメージが広がるだろう。

*1 『さよならさんかく』わかやまけん作・絵　こぐま社　1977年

（3）言葉集め

単語を構成する文字や音節数に気づいたり、語彙を増やす遊びである。

① 事例：" あ " のつく言葉

> **遊び方**
>
> 用意した絵カードのなかから「あ」の文字を含む言葉を選ぶ。例として、「おかあさん」「ドア」など。
> 慣れたらカードを使わずに最初の音や文字、最後の音や文字などに限定して遊ぶ。例として、「あかちゃん」「あひる」（最初の音や文字）など。
> このほか、「いっちゃん　いがつく　いま　なんじ」の歌詞で始まる歌「きみのなまえ」（かしわ哲　作詞・作曲）を導入として、子どもの名前から言葉を探すことも楽しい遊びになるだろう。

② 事例：繰り返し言葉

> **遊び方**
>
> 「ぴょんぴょん跳ぶものなあに？」「ひらひら飛ぶものなあに？」などと問いかけ、「かえる」「ちょうちょ」などの答えが出たら、オノマトペ（擬声語・擬態語）を言いながら動作を行う。

③ 事例：反対言葉

> **遊び方**
>
> 「高い・低い」「重い・軽い」など反対語を探す。例として、「大きいゾウ・小さいアリ」「キリンの首は長い・クマのしっぽは短い」など。

④ 事例：同じ色のもの

> 遊び方
>
> 例として「ふうせん」（湯浅とんぼ作詞・中川ひろたか作曲）を歌い、示された色と同じ色のものを答える遊びがある。写真9－4は、赤い風船から赤とんぼが出てきたり、黄色い風船からモンキチョウが出てくることによって、イメージを膨らませることをねらいとしたパネルシアター*²である。

写真9－4 「ふうせん」

*2 パネルシアター
第10章p.131参照。

（4）伝言ゲーム

保育者や友だちの言葉などを注意深く聞き取ったり、記憶したりして、正確に伝える遊びである。

① 事例：耳で伝える

> 遊び方
>
> 年少児には短い言葉からはじめ、慣れてきたら「いつ・誰が・どこで・何をした」と文を長くして伝言する。例として、「りんご」→「りんごを食べた」→「クマがりんごを食べた」→「昨日、クマが森でりんごを食べた」など。

② 事例：体で伝える

> 遊び方
>
> 相手の手のひらや背中に丸や三角などの形を書いて伝えたり、カードに書かれた数字の回数だけ、相手の背中を優しくたたいて伝える。

（5）変身する言葉・逆さ言葉

音節の組み立てや言葉のおもしろさ、不思議さに気づく遊びである。

① 事例：変身する言葉

> 遊び方
>
> 1つの単語を繰り返し唱えると、違う言葉に変身する楽しさを味わう。例として、「たんぽ↔ぽたん」「とけい↔けいと」など。

*3 『へんしんトンネル』
あきやまただし作・絵
金の星社　2002年

写真9-5は、5歳児が絵本『へんしんトンネル』*3等で言葉遊びを繰り返し楽しみ、それを参考に生活発表会の大型絵本制作として取り組んだものである。

写真9-5　変身する言葉

② 事例：逆さ言葉（回文）

> 遊び方
> 「トマト」「しんぶんし」「たけやぶやけた」「わたしまけましたわ」「このこねこのこ」などの言葉を楽しむ。『さかさことばでうんどうかい』*4を参考図書にあげたい。

*4 『さかさことばでうんどうかい』
西村敏雄作・絵　福音館書店　2009年

（6）ごっこ遊び

子どもはごっこ遊びをとおして、物の名前や種類、特徴・性質のほか、コミュニケーションの方法、言葉遣いなどに気づいていく。

① 事例：お手紙ごっこ・郵便屋さんごっこ

> 遊び方
> 「いつも遊んでいる友だちにも、バスで一緒になる○○君にもお手紙書くんだ」と年少児（写真9-6）。絵や文字で伝えたいことを表現する姿や「字が書けない」という友だちに教える子どもの姿もみられる。保育者は、配達する「郵便屋さん」が困らないように適宜、送り主の名前

写真9-6　お手紙ごっこ

や子どもの気持ちを汲み取った言葉を絵に添える。

　手紙や葉書が完成したら、各保育室の前に設置されたポスト（写真9－7）へ投函する。帰りの会で、当番の子どもがポストの郵便物を取り出して宛名を読み上げ手渡す（写真9－8）。

写真9－7　郵便屋さんごっこ①

写真9－8　郵便屋さんごっこ②

② 事例：「私の好きなもの」発表

遊び方

　子ども自身が好きなお話や、幼稚園・保育園等の生活で心に残った出来事などを発表する。

　写真9－9は、日常の保育のなかで保育者が語り聞かせたお話を覚え、保育者が手づくりした羊毛人形を動かして発表する5歳児の姿である。

写真9－9　私の好きなお話

第3節　伝承遊びの実践

① 事例：○○ちゃん　はーい（呼びかけ）

遊び方

　乳幼児の名前を呼び、返事を期待する遊びは家庭でも行われているが、わらべうた[*5]で用いられる五音音階に言葉を乗せると歌いやすく聞き取りやすい。この旋律はわずか2つの音の高低でつくられた2音歌であり、音感を育てる歌遊びの導入としてもふさわしい。「（仲間に）入れて」「いいよ」、「貸して」「いいよ」などと言葉を替えて応用することによって、集団生活のなかで関わり方のルールを身につける様子もみられる。写真9－10の0歳児は、呼びかけに対し言葉を発しなくても手を上げて応えている。

写真9－10　「はーい」0歳児

[*5　わらべうた
日本語のイントネーションやリズムから生まれた歌（唱え）に動作を伴い、口承されてきたもの。唱えうたのほか、旋律のある歌の多くに5音音階が用いられている。]

② 事例：いたいの いたいの（おまじない）

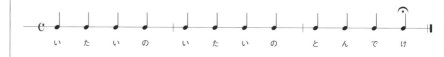

遊び方

　「ちちんぷいぷい」とまじない言葉を最初に付け加えて、「いたいのいたいの…」と痛いところをなでながら続ける。イマジネーションの世界に住む乳幼児は、信頼できる大人が抑揚たっぷりに唱える魔法の言葉に気を取られて一瞬にして泣きやんでしまう。「痛いのどこに行ったのかなぁ？」と聞くと、「あっち」と大人が飛ばした方向を指さすことだろう。

第9章 児童文化財（2）

③ 事例：もういいかい（呼びかけ）

遊び方

　かくれんぼ遊びのなかで歌われるやり取りである。保育現場では次の活動に移るときに、穏やかに呼びかけて子どもの行動を促すこともできる。この旋律は3音歌であり、①の呼びかけより1音音域が広い。このように、わらべうたは言葉に節がついたものであり、動作を伴って覚えやすい曲が多い。問いと答えになっているものは役割を演じる劇遊びの基礎にもなる。

④ 事例：どこでしょう（呼びかけ）

作詞作曲者不詳

出典：小林美実編『こどものうた 200』チャイルド本社　1975年　p.55

遊び方

　保育者が朝の会の出欠確認として活用できる曲。「ここです」と歌いながら手をたたいたり、両手を高く上げて手首を左右に振る動作をすると、呼ばれた子どもの場所がわかりやすい。一人で歌えない子どもが多い場合は、前段階としてグループの名前を呼んだり、「みなさん　みなさん　どこでしょう」と問いかけて、複数の子どもが答えるように配慮するとよい。文字に興味を示す年長児には名前が書かれたカードを見せながら保育者が歌ってもよいし、子どもたち全員がカードの文字を読みながら歌うこともできる。

写真9-11　歌遊び（3歳児）

⑤　事例：ちょつちょつ

遊び方

　遠野（岩手県）に伝わるわらべうたである。
1．「ちょつちょつ」：恥じる動作で、顔を両手で隠すように軽く2回たたく。
2．「あわわ」：あーと声を出しながら、口を軽く3度たたく。
3．「かえぐりかえぐり」：人差し指を両耳のそばで強く2度回す。
4．「とっとのめ」：両目を人差し指と親指で開き、相手をじっと見つめる。

　動作の順に、恥じらう心をもち、口を慎み、よく聞き、ニワトリのように目を見開いて物事をよく見よ、という教え。遠野のわらべうたは、遊びのなかに生きる力を育む教えが散りばめられている。

第4節　詩の世界

　詩は肉体的で音のおもしろさ、楽しさからくる対話性・共同性をもつ。詩人が書いたものは文字にすぎないが、「それが子どもたちのなかで声となり体の動きとなるとき、ほんとうのことばの力がそこから湧いてくる」[5]。

　詩人の谷川俊太郎は、言語習得過程の一番最初の段階は、赤ちゃんを抱いてあやしたり、授乳時に語りかけるなど、スキンシップを伴った音声言語であり、「ことばが愛情のひとつの形式になっている」[6]と指摘する。また、子どもの意思伝達の方法は言葉だけでなく、声や身振りなど、身体全体から発するものである。このことからも、詩を音読し日本語の音やリズムのおもしろさを繰り返し味わうことが、言葉や文字への興味・関心を高め、正しい発音や言葉の感覚を育てることにつながる。

① 事例：「ありがとう」

> ありがとう
> 　　　　　荘司　武
>
> ありがとう
> ありがとう
> いえば とっても
> いい きもち
> いわれりゃ もっと
> いい きもち
> ありがとう
> ありがとう
>
> 荘司武『トマトとガラス』かど創房　1984年　pp.94-95

「おはよう」「こんにちは」「さようなら」「ありがとう」「ごめんなさい」などの言葉は強要するのではなく、身近な大人が日常生活のなかで挨拶を交わし、手本を示して身につくものである。この詩を音読することによって、「ありがとう」という言葉一つで爽やかな気持ちになることが実感できるだろう。

② 事例：「おと」

> おと
> 　　　　　いけしずこ
>
> ぽちゃん　ぽちょん
> ちゅぴ　じゃぶ
> ざぶん　ばしゃ
> ぴち　ちょん
> ざざ　だぶ
> ぱしゅ　ぽしょ
> たぷん　ぷく
> ぽつ　どぼん・・・
>
> わたしは
> いろんな　おとがする
>
> くどうなおこ作『のはらうたⅠ』童話屋　1984年　pp.36-37

池のほとりで耳をすますと、どんな音が聞こえるだろう。何かが動いた音だろうか。この詩を読むと、水の音も多様に表現できることに気づく。子どもの想像力をふくらませ、「雨の音はどんな音？」「風の音は？」と音に対する感受性を育む活動にも展開できる詩である。

【引用文献】
1) レイチェル・カーソン（上遠恵子訳）『センス・オブ・ワンダー』　新潮社　1996年　p.24
2) 同上書1) p.23
3) 同上書1) pp.23-24
4) F.マルタン・T.デヌス・A.ベルヒトルドほか（板野平訳）『エミール・ジャック=ダルクローズ』　全音楽譜出版社　1977年　p.311
5) 谷俊治監修、谷川俊太郎・波瀬満子編著『あたしのあ あなたのア』　太郎次郎社

1986年　p.19
6）同上書5）　p.10

【参考文献】
阿刀田高　『ことば遊びの楽しみ』　岩波書店　2006年
阿部ヤエ　『人を育てる唄－遠野のわらべ唄の語り伝え』　エイデル研究所　1998年
小川清実　『子どもに伝えたい伝承あそび－起源・魅力とその遊び方』　萌文書林　2001年
北原保雄・久保田淳・谷脇理史・徳川宗賢・林大・前田富祺・松井栄一・渡辺実編集委員　『日本国語大辞典 第２版』　小学館　2001年
木村はるみ・蔵田友子　『うたおう あそぼう わらべうた－乳児・幼児・学童との関わり方』　雲母書房　2009年
金田一春彦・林大・柴田武編集責任　『日本語百科大事典 縮刷版』　大修館書店　1995年
金田一秀穂監修　『日本語力をきたえることばあそび１「話す」力をのばす！－早口ことば しりとり だじゃれ』　フレーベル館　2011年
金田一秀穂監修　『日本語力をきたえることばあそび２「聞く」力をのばす！－清音・だく音 なぞなぞ なぞかけ』　フレーベル館　2011年
小林祥次郎　『日本のことば遊び』　勉誠出版　2004年
鈴木棠三　『ことば遊び』　講談社　2009年
鈴木棠三編　『ことば遊び辞典』　東京堂出版　1959年
向井吉人　『素敵にことば遊び－子どもごころのリフレッシュ』　學藝書林　1993年
村石昭三　『はじめてみよう！幼児のことばあそび 指導の手引』　すずき出版　2004年
村石昭三編　『ことば遊び』　小学館　1984年

【協力】
札幌ゆたか幼稚園
認定こども園　大麻幼稚園　まんまる保育園
第２大麻幼稚園

第10章
児童文化財（3）

第1節　「演じられる物語」を体験すること

（1）豊かな言葉の体験としての「演じられる物語」

① 観て、聴いて楽しむ物語世界

　この章では「演じられる物語」として、保育現場で取り入れられているペープサート、パネルシアター、エプロンシアター、人形劇、劇遊びという5種類の児童文化財の概要、製作の方法、演じる場合や保育活動を実践する際の留意点について解説する。

　保育者が演じてみせる、または子どもたちが主体となり演じる「演じられる物語」も、乳幼児の言葉や感性を豊かに育む児童文化財である。子どもたちが大好きな「絵本」「お話」「紙芝居」などと同じように、「はじまりがあって終わりがある」という物語の世界である。なぞなぞや、生活をテーマにした短い話も、子どもにとっては小さな物語といえるだろう。

　これらの児童文化財に共通しているのは、観て、聴いて楽しむ物語であるということだ。保育者の描いた登場人物や背景、使われているセットや小道具などが一体となって、子どもたちの目の前に物語として立ち現れる。そして身体に響く声（語りや歌）を生きた言葉として取り入れながら、子どもたちはまるでその物語に入り込んでいるかのように目を輝かせる。

② 保育者の物語解釈と楽しむ気持ち

　保育者が物語をどのように解釈しているのかによって、演じ方や保育活動も変わる。演じ手の動き方やものの動かし方一つで、子どもたちのイメージをふくらませ、想像力の翼をのびのびと羽ばたかせることができる。演じられる・または演じるという一期一会の物語世界を、子どもたちとともに楽しむことができるような準備と技能が求められる。製作や演じるうえで何よりも大切なことは、保育者も物語世界を深く味わい、心から楽しむことである。

(2) 視聴覚系児童文化財の教材研究で大切にしたいこと

① 生命を吹き込む演じ手

　教材を丁寧に製作することは、大切な第一歩である。保育者の作品解釈が、製作する教材に色や形で表現され、視覚的なイメージとして定着する。製作物をつくり終えたからといって、そこで終わりではない。製作した児童文化教材の動かし方、操作の方法を工夫することも大切である。子どもたちは絵人形のなかにも、一つの生命の気配を感じている。動かない人形に生命を吹き込むのは、演じ手である保育者なのである。だからこそ、物語やテーマの解釈をはじめとした教材研究は極めて重要であるといえよう。

② 演じる声と言葉

　視聴覚系文化財の演じ手である保育者の声は、どんな技術にも勝るものである。言葉がまず声として響く乳幼児期には、身近な人の優しい語りや歌声を大切に、言葉の美しさ、おもしろさを伝えたい。

　効果音についても機械による騒々しいものはなるべく避けて、身近なものや廃材などを利用したユーモアのある音、ピアノやオルガンなどの楽器のリズミカルな音色を声と合わせるとよい。心地よく響く言葉や音を体験する機会にしたい。

③ 著作権等への配慮

　絵本の物語や絵を素材にして、ペープサートやパネルシアター等の教材を製作、劇遊びにする場合には、必ず出版社と著作権者への著作物利用許可申請[*1]をする必要がある。絵本の絵を無断でまねて描く、コピーする、または物語を劇にして上演することは著作権法[*2]に抵触し、著作権の侵害につながることもあるので注意が必要である。著作物の利用に関しては、各出版社のホームページで調べるとよい。許可申請の手続き、利用の範囲、利用条件等についても、まずは相談すると適切な助言をしてもらえる。

④ 子どもたちがつくり、演じる児童文化財

　保育者が教材を製作して演じるばかりではなく、子どもたちが主体的に作品製作と上演を楽しむ活動もある。シンプルなものからはじめて、それぞれの児童文化財の特質を楽しめるような保育活動を行いたい。子どもがつくる場面で、また演じる場面でも、仲間と言葉を交わし、作品の言葉を豊かに体験する。

---

*1
著作物利用許可申請については、一般社団法人日本書籍出版協会の「お話会・読み聞かせ団体等による著作物の利用について」を参照のこと。

*2 著作権法
著作権の保護を目的とする法律で、1899（明治32）年に制定され、1970（昭和45）年に全面改正された。

第10章　児童文化財（3）

第2節　ペープサート

（1）ペープサートとは

　「ペープサート」とは、ペーパー・パペット・シアター（Paper Puppet Theater）を略して呼ばれるようになった絵人形劇である。表裏2枚の紙で割りばしなどの棒をはさみ込むようにしてつくる絵人形を使って演じられる、人形劇の一様式である。日本では、古くは明治期から大正期にかけて街頭で演じられた、紙に絵を描いて棒でとめた紙人形劇が、ペープサートの源流だといわれている。

　ペープサートは、紙と棒などの身近な材料で手軽につくることができ、また動かして演じたり、遊んだりできるので、保育現場でもよく使われている。絵人形の棒をくるくると反転させ、表と裏で違う絵柄を見せる仕掛けを活用して、物語の展開に躍動感を与えることができる。保育者が演じてみせる場合もあれば、子どもたち自らが製作して、遊びつつ演じる教材として活用される。大まかに種類を分けると、①即興的、説明的に使うペープサート、②絵本や昔話などの素材をもとに再構築する物語のペープサート、③歌の内容をお話仕立てにした歌ペープサート、④なぞなぞ遊びを視覚的に補うなぞなぞペープサートなどがある。

（2）ペープサートを製作する

①　製作の方法

　紙2枚に表裏になるように絵を描く。それらの紙を割りばしなどの棒をはさみ込むように合わせて貼る。表裏で歩いていく向きを変えたり、泣き・笑いの表情の変化をつけたり、形を変形させるなどのアイディア次第で、イメージのふくらむ絵人形を製作できる。

②　製作上の留意点

・素材の特性を生かす

　　ペープサートの登場人物に使う素材は、少し硬めの厚い紙を使うと耐久性に優れ、裏の絵が透けて見えない。しかし、素材によって動きも工夫できる。たとえば、ちょうちょや小鳥など、羽ばたく動きをつける場合には、あえて薄めの紙を使用することで、手で動かすときに羽ばたく躍動感を演出できる。

・適当な大きさ、輪郭線をはっきりさせる

　絵人形に存在感がでるように、一つひとつの人物や小道具があまり小さくなりすぎないようになるべく大きめにつくり、また遠くからでもよく見えるように輪郭線をはっきりと描くことが大切である。

(3) 演じる、保育活動を実践する際の留意点

　ペープサートは動きを楽しむものであるが、絵人形をただ動かせばいいというわけではない。静止と組み合わせて動く場面をより強調することによって、効果的な躍動感が生まれる。また、子どもの目線よりも少し高い位置の舞台を使用することによって、見やすいばかりでなく、物語の世界がくっきりと浮び上がるだろう。さらに、保育者が演じた後で、保育室内に子どもたちが自由に手に取って遊べるコーナーをつくることにより、自由活動の時間に子どもなりのペープサート遊びが生まれるであろう。

(4) 実践してみよう—ペープサート「ねずみじょうど」[*3]

[*3] 日本の昔話

[あらすじ]

　あるところに、貧しくも心優しい老夫婦が住んでいた。おじいさんは山へ芝刈りにでかける。おばあさんは、残り少ない穀物でつくった団子を1つ、昼飯としておじいさんにもたせた。昼時になったので、おじいさんが団子の包みを広げると、団子はコロコロ転がり出し、穴のなかに落ちてしまった。おじいさんが穴の側に腰かけて残念がっていると、大きなねずみが穴のなかから出てきてお礼を言い、家に寄ってくれと言う。ねずみは、おじいさんにすばらしいもてなしをするのだった。その話を聞いた性悪なおじいさんが欲を出してまねをすると…。

①登場人物のねずみ、おじいさん、おばあさんの絵人形、団子やごちそうなどの絵を、画用紙に輪郭線をはっきりさせて描く。

②絵の表と裏の表情を変えると、場面ごとの情景や登場人物の気持ちがより具体的にわかる。

③おじいさんがねずみと一緒に穴のなかに入っていく場面で、黒の画用紙を背景にすると、ねずみじょうどと現実世界の違いがよく伝わる。

④優しいおじいさんと、性悪なおじいさんとの対比がはっきりするよう、着物の色や家の様子なども変えて描く。

第3節　パネルシアター

（1）パネルシアターとは

　パネルシアターとは、フランネルやパネル布のような毛羽立った布で覆ったボードに、絵を貼ったり外したりしてお話や歌遊び、ゲームなどを展開して行う絵人形劇である。その源流はフランネルグラフ*4であったが、1970年代に古宇田亮順が改良を加え、現在のパネルシアターを開発した。舞台で使用する毛羽立ちのよい不織布は「パネル布」、絵人形作成用の不織布は「Pペーパー」と呼ばれる。

　両面に絵を描くことのできる不織布は、パネル布に両面が付着する。絵をパネル布に貼りつけたり、裏返したり、絵の上にさらに絵を重ねることもできるため、変化に富む表現ができる。物語、歌遊び、言葉遊び、手遊び、なぞなぞなど、さまざまな表現方法を楽しめる教材である。暗室で行うブラックパネルシアターは、蛍光絵の具をブラックライトで光らせるのだが、幻想的で優美な世界が広がる。

*4　フランネルグラフ
フランネルという毛羽立った布を貼った板が舞台となる。そこに厚紙などでつくった絵人形（裏面にフランネルが貼ってある）を摩擦によって付着させるという仕掛けとなっている。表面に絵を、裏面にはフランネルと、絵を描く面が限られている。

（2）パネルシアターを製作する

①絵人形の下絵については、型紙のついた本が市販されているので参考にしてみるのも一つの方法である。自分だけのオリジナル絵人形を描いてみるのも楽しい。下絵を細字油性ペン（黒）でPペーパーに複写する。
②絵は、硬めの筆で濃いめに溶いたポスターカラーや水彩絵具、アクリル絵具などで彩色すると美しい。
③仕上げには、太字油性ペン（黒）で輪郭線をはっきり入れる。余白を1～2cmほど残して切り取る。

（3）パネルシアターのしかけ

① 　表と裏を使う。

② 　糸でつないで、動かす。

③ 重ねて使う。　　　　　　　④　ポケットを使う。

（4）演じる、保育活動を実践する際の留意点

　パネルシアターは舞台劇であり、舞台部分がはっきりとわかるように、パネル布の下方部分は黒い布などで区別する。また舞台の裏手には、台本や絵人形を演じる順番に並べておく台や机を用意しておくとよい。

　保育者が演じた後で、子どもたちが登場人物役を演じてみる機会をつくると、操作する楽しさを体験できる。遊びに発展させていくときには、物語の筋にこだわらず、やり取りを楽しみながら演じてみるのも一つの方法である。一人ひとりの想像世界の奥行きを確認し、共有しつつ、パネルシアターを楽しみたい。

（5）実践してみよう―パネルシアター「三びきのやぎ」[*5]

*5 ノルウェーの民話

[あらすじ]

　あるところにやぎが三びきいた。三びきは、草を食べに山に行きたいのだが、川を渡らなければならなかった。川にかかる橋の下には、気味の悪いトロルが住んでいる。小さいやぎ、中くらいのやぎ、大きいやぎと順番に橋を渡る。大きいやぎがトロルを倒して、三びきとも無事に川を渡ることができた。

①三びきのやぎの大きさ、そして大きさに見合う性格の成長がはっきりわかるように、特徴を描き分ける。

②トロルは「自然の厳しさ」の象徴であると考えられるので、あまりかわいすぎたり、怖すぎたりしないように留意する。

③橋は紙に描いてもよいし、小さな木の枝で立体的な橋をつくるとおもしろい。

第4節　エプロンシアター®

(1) エプロンシアター*6とは

　胸当て式エプロンを舞台に見立て、エプロンのポケットから人形を登場させたり、隠したりするなど、演じ手が小さな人形を操作して物語を演じるミニシアターである。演じ手の胸や胴体の大きさが舞台となるため、小さいと感じられるかもしれないが、その小さな世界がかえって想像力をふくらませる要素にもなる。エプロンシアターは布製であることが多く、手づくりの温かい風合いが特徴的である。登場人物やアイテムはフェルトなどの布でつくられ、面ファスナーで着脱する。

　エプロンシアターはアメリカの保育現場において、1970年代に「パペット・エプロン」「ストーリー・エプロン」として昔話や歌、創作物語や詩などが演じられていたという。日本におけるエプロンシアターは、1979年に中谷真弓によって考案されたもので、キルティングの胸当て式エプロンが使用される。保育の現場で保育者の手によってつくられ、演じられて、子どもたちに親しまれている。

(2) エプロンシアターを製作する

①キルティング生地で、演じ手の身体のサイズに合った胸当て式エプロンを縫う。
②お話やなぞなぞ、歌などのテーマに合ったアップリケや、ポケットを必要な数だけつける。エプロンの後ろにも、人形や小物をしまっておくポケットをいくつかつけると便利である。
③作品を演じるにあたって必要な登場人物、小道具や背景を、さまざまな布を活用して縫う。綿を入れると立体的になる。それぞれの人形や小物に小さな面ファスナーをつけておく。
④エプロンの側にも、人形や小物を受ける面ファスナーをつける。エプロンにつける面ファスナーは、エプロンと同色で少し大きめにするとしっかりと受けられ、小物が落ちにくくなる。

*6　エプロンシアター
エプロンシアターは登録商標であり、中谷真弓の許諾を得て使用している。

(3) 演じる、保育活動を実践する際の留意点

エプロンシアターを演じるにあたっては、やはり製作の段階で作品のイメージがしっかりとつかめて、過不足なく背景や小物がそろっていることが重要となる。そのうえで以下の点に留意することも必要である。

① 子どもが見やすい位置に立つ

舞台であるエプロン・人形が子どもによく見えるように演じることが大切である。人形や小物はなるべく見やすい大きさにつくる。

② 動作は大きく

エプロンという舞台は少し小さめであるが、動かし方、つまり演じ方によっては大きく感じられるものである。人形や小物は、演じ手の動きによって生命が吹き込まれる。動作はできる限り大きくはっきり行うと、物語の流れにもメリハリがつく。

・演じ手の表情も豊かに、声もはっきりと

エプロンシアターの演じ手は、作品の一部であり、登場人物の一人でもある。子どもたちがより作品世界を楽しめるように、演じ手の表情も豊かに、そして発声も大きくはっきりと行う。

・人形を落とさないようにする

人形や小物が話の途中で床に落ちたりすると、物語は中断され、想像世界を楽しんでいた子どもたちは、現実世界に連れ戻されてしまう。そのため、演じる前に練習をしておくこと、そして人形や小物を落とさない工夫をしたい。

(4) 実践してみよう[*7]—エプロンシアター「なにができるかな？」

①胸当て式エプロンに、大きな鍋の形をしたポケットをつくる。面ファスナー等で着脱可能な鍋のふたもつくる。

②たまねぎ、にんじん、じゃがいもなどの野菜、肉、牛乳など、シチューの材料をフェルトでつくる。中に綿を詰めた小物は、ままごとでも遊べる。

③「今日の食事は何をつくろうかな？」と子どもたちと会話を楽しみながら、材料を切って、コトコト鍋で煮る。「なにができたと思う？」と問いかけながら、料理のできあがりを楽しむ。

④シチュー以外にも材料を増やしておけば、鍋でできる料理が増える（カレー、おでんなど）。季節ごとに材料や料理を変えてもよい。家庭でのお手伝い、食育にもつながる教材となる。

*7 巻末の付録に「エプロンシアターの実践」として、「おおかみと七ひきのこやぎ」(グリム童話)の詳しい製作方法、演じ方がある。

第10章　児童文化財（3）

第5節　人形劇

（1）人形劇とは

　人形劇とは、人形遣いが人形を使って演技をする演劇様式であり、世界各地の文化圏に多種多様な人形劇がある。日本では文楽（人形浄瑠璃）*8が伝統的であるが、本章では保育現場で親しみ深く取り入れられる人形劇・人形遊びについて説明する。操作できる人形を総称して、パペットという。

　人形はもともと人や動物の形をまねてつくられ、古くから信仰やまじない、厄除けなどに使われてきたものである。中世以降は鑑賞や工芸品としての人形も登場し、人々の生活においてより身近な存在となった。

　教育鑑賞の人形劇では、腹話術にみられるような文楽スタイルの大きな人形、棒使い人形、糸操り人形などがある。プロの人形劇集団による人形劇は芸術として、またエンターテイメントとしても高度な質を備えており、子どもたちの豊かな感性を培うものである。

　保育現場で日常的に演じられ、子どもたちの製作・扱いに適しているのは、手にはめる（手袋型）人形、指人形、紙コップや廃材等の身近な素材でつくることのできるパペット型である。日常的なお話や物語、なぞなぞなど、広いテーマを人形劇にして楽しむことができる。子どもたちに何気ない話をするときにも、人形が1つあれば、子どもたちの心は惹きつけられる。また、子どもたちが自分で人形を操作することによって、自分とは違う誰かを演じる楽しさを感じ、心が解き放たれる。

*8　文楽（人形浄瑠璃）
浄瑠璃・三味線に合わせて曲中人物に扮装した人形を操る日本固有の人形劇。近松門左衛門・竹本義太夫の出現以後、独自の劇形式を確立した。国立文楽劇場では、毎年夏季に子ども向けの文楽演目が上演され人気が高い。

（2）人形劇を製作する

　子どもたちが想像力を駆使して人形の表情をさまざまに思い浮かべることができるように、人形の顔はなるべく無表情に作り上げるのがよい。顔は人格を象徴しているので、どんな表情にもなる想像の余地を残してつくることが大切である。また、どちらの性別も、どんな年齢も演じることができるよう、服装や装飾品は着脱できるものにするとよい。端切れ布や色軍手、靴下などの身近な素材で、簡単に人形を製作することができる*9。

*9
巻末の付録に「パペットを作成してみよう」として、人形の製作方法、演じ方がある。

（3）演じる、保育活動を実践する際の留意点

① 演じる際の留意点

　人形劇は芝居の類に入るので、舞台が必要である。基本的に舞台に立つのは人形だけなので、演じ手が見えないようにしたい。演目や人形のサイズ、登場人物の人数によって、舞台の高さや広さなどを調整してみるとよい。既製品の舞台が入手困難な場合でも、長机や段ボール、布などを活用して実用的な舞台をつくることができる。

　人形の表情はシンプルであっても、細やかな動きによって人形に感情を表出することができる。日本の文楽（人形浄瑠璃）や各国の人形劇を鑑賞してみると、参考になることがある。

② 保育活動を実践する際の留意点

　人形は子どもにとって親しみ深い存在である。子どもたちは、人形に話しかけたり、触ったり、動かしてみることが大好きである。保育者が演じた人形劇のセット（人形と舞台）を一つの保育コーナーとして環境をつくり、そこでの遊びの広がりを見守るのもよい。

（4）実践してみよう―人形劇「ブレーメンの音楽隊」[*10]

*10 グリム童話

[あらすじ]

　あるところに、老いて働けなくなったロバがいた。飼い主にひどい仕打ちを受けたロバは、ブレーメンに行って音楽隊に入ることにした。ブレーメンへの旅の途中で、同じような境遇の犬、猫、にわとりに次々に出会う。それぞれの力を合わせて困難を乗り切り、ブレーメンへ到着する。

①それぞれの登場人物を端切れやフェルトで人形にする。人形には綿を詰めて立体的につくる。場面に合わせて想像できるよう、表情はシンプルにする。

②動物たちが泥棒を驚かせてこらしめる場面は、タイミングよく演じられるよう練習する。

③オリジナル挿入歌や効果音を適宜入れて、童話の世界の広がりをもたせる。

④自信をなくした動物たちが、徐々に自信を取り戻していきいきとしていく様子を人形の動きで表現できるよう、「感情と動作の関係性」を研究し、演じ方を工夫してみるとよい。

第6節　劇遊び

（1）劇遊びとは

　劇遊びとは、ごっこ遊びにはじまり、自分とは違う人やものになりきって、物語を楽しむ活動である。子どもの生活や遊びから生まれるごっこ遊び、身近なテーマでの対話、また絵本やお話などの物語世界からイメージをふくらませ、自由な発想を広げることのできる活動である。

　劇遊びは本来、観客に見せることを目的とせず、創り出していくプロセスを楽しむものである。しかし、劇遊びの延長線上に生活発表会など、保護者や仲間に見せる活動につながることもある。観客のいる演劇活動に発展させるにしても、日常の生活で生まれた劇遊びの楽しさを大切にしたい。表現することは、子どもにとって何よりの喜びである。その喜びを十分に味わうことができるよう、ゆったりと見守り、励ましていきたい。

（2）劇遊びのおもしろさ

①　現実世界から想像世界へ－心を解き放つ－

　劇遊びのおもしろさは、身体や道具を使って想像世界を体験できるところにある。絵本やお話などの物語に入り込んで登場人物になりきり、想像した場や人に出会うことで、現実の時間・空間という枠組みを超えて心の解放がもたらされる。

②　イメージの共有－みんなで演じるおもしろさ－

　この活動には、実際に身体を使ってイメージを目に見える動きや形にしていくおもしろさ、また個々のイメージをすり合わせ、仲間や保育者と共有していく喜びがある。それぞれの心に描いているイメージを重ね合わせて一本の糸にしていくように、一つの劇遊びになっていく。

（3）劇遊びの発展と保育者の留意点

　保育者は、計画通りに進める指導者ではなく、ともに活動に参加する仲間としての存在でありたい。子どもたちの心のなかにある発想が表現できるよう励まし、予想外の展開も柔軟に受け入れる姿勢が必要である。遊びの展開性を失って行き詰まるときには、保育者から子どもへの問いかけや、興味を

もたせるバランスの取れた指導が求められる。劇遊びは、保育者と子どもたちとの言葉を通い合わせる協同的な保育活動である。以下に、劇遊びをふくらませる工夫を紹介する。

① セットや小道具、衣装などでイメージをふくらませる

設定する情景のイメージをふくらませるためにセットを活用したり、お面など身近な素材でつくる小道具も想像世界に入り込む際のアイテムである。あまり本格的につくってしまうと子どもの想像の余地を奪ってしまうので、紙の帽子やお面をつけたり、手に新聞紙でつくった魔法のステッキをもったりするというような、シンプルな工夫が望ましい。

② 絵本やお話の言葉を合図に楽しむ

絵本やお話に出てくる決まり文句のような言葉は、想像世界に入り込む合図になる。『おおきなかぶ』[*11]の「うんとこしょ、どっこいしょ」、『ぐりとぐら』[*12]の歌、『わたしのワンピース』の「ラララン ロロロン」などがある。私たちをやすやすと想像世界に導く、それらの言葉がもつ豊かな力に驚かされる。

*11 『おおきなかぶ』A・トルストイ作、佐藤忠良絵（内田莉莎子訳）福音館書店 1962年

*12 『ぐりとぐら』中川李枝子作、大村百合子絵 福音館書店 1963年

*13 ロシア民話

（4）実践してみよう—劇遊び「おおきなかぶ」[*13]

[あらすじ]

おじいさんが畑にカブの種をまいた。懸命に世話をした甲斐があって、大きなカブが育った。食べごろになったのでカブを抜こうとするが、あまりに大きくて抜けない。おじいさんはおばあさんを呼んで、2人で抜こうとするがまだ抜けない。次におばあさんが孫娘を、孫娘が犬を、犬が猫を、猫がねずみを呼んできて、ようやく大きなカブが抜ける。

①衣装や小道具など、想像の世界をふくらませるようなアイテムを使うとおもしろい。ロシアの風土や民族衣装などに触れ、多文化的な視点を養う機会にもなる。

②昔話に特有の繰り返しのおもしろさを、身体を動かして体験させたい。仲間と一緒に声を合わせることの楽しさを味わえるセリフをつけるとよい。

【参考文献】

小川清実編 『演習 児童文化—保育内容としての実践と展開』 萌文書林 2010年
古宇田亮順編 『実習に役立つ パネルシアターハンドブック』 萌文書林 2009年
中谷真弓 『ザ・エプロンシアター』 フレーベル館 1993年
中谷真弓 『楽しい エプロンシアター』 アド・グリーン企画出版 1994年
原昌・片岡輝編 『児童文化』 建帛社 2004年

久富陽子編 『実習に行くまえに知っておきたい保育実技―児童文化の魅力とその活用・展開』 萌文書林 2003年
久富陽子編 『幼稚園・保育所実習 指導計画の考え方・立て方』 萌文書林 2009年
皆川美恵子・武田京子編 『改訂 児童文化―子どものしあわせを考える学びの森』 ななみ書房 2007年

発展編

第11章
「言葉」の指導計画

第1節　指導計画の考え方

(1) 教育課程・全体的な計画

① 集団保育の場における保育の計画

　幼稚園・保育所・認定こども園では、組織的・計画的に保育を行う。

　その際に拠り所となるのは、「日本国憲法」「児童の権利に関する条約」「児童福祉法」「児童憲章」「教育基本法」「学校教育法」「就学前の子どもに関する教育、保育等の総合的な提供の推進に関する法律」などであり、最も直接的なものとしては幼稚園教育要領（以下、要領という）、保育所保育指針（以下、指針という）、幼保連携型認定こども園教育・保育要領（以下、教育・保育要領という）がある。

　要領や指針、教育・保育要領では、それぞれ第1章で保育の計画の重要性について明記している。

② 教育課程・全体的な計画の位置づけと役割

　保育の計画には、実践的・具体的な「指導計画」と、その基準や拠り所となる保育の全貌を示した「教育課程」・「全体的な計画」がある。

　幼稚園において保育の目標を達成するために編成するのが「教育課程」で、保育所並びに認定こども園において編成されるのが「全体的な計画」である。教育課程・全体的な計画のいずれも、各園の実態や園児の発達、家庭や地域の実態に即して、園ごとに創意工夫し、園長・所長の責任のもと全職員の合意を得て、園にただ一つ編成される計画である。また、子どもの発達を予想し、園児の入園から卒園までの全在園期間を見通した計画で、そこには園の保育理念、保育方針、保育目標が掲げられる。

　教育課程・全体的な計画は毎年編成・変更されるものではなく、長期的な展望のもと数年にわたって継続使用されるため、各園の保育は一貫性が保たれる。

ただし、数年にわたる使用を経て見直され、必要があれば修正・改編される。

(2) 長期の指導計画

　指導計画は、教育課程・全体的な計画を具体化するために作成される実践的な計画である。これらは長期計画（下記①、②、③）と短期計画（次項①、②）に大別できるが、最も長いものでも1年間の計画であり、2年以上にわたるものはない。指導計画は、実際に保育を担当する保育者が、クラス、グループ、個人を単位として、子どもの発達に即して作成する。

① 年間指導計画

　年度ごとに、4月から年度末の3月までの1年間を見通して立案する。つまり、よりよい保育実践のために、年度末に1年間の保育を振り返り、その保育実態に即し、次年度の年間指導計画を作成するのである。

② 期間指導計画

　年間指導計画をもとに、1年間をいくつかの期に分け、期ごとにその時期の特性や季節に合わせて立案する。期の区分については特に定めはなく、たとえば、3期制、5期制など、園の保育実態に合致した最も運営しやすい期を設定する。

　立案に際しては、年間指導計画と期間指導計画を別々に作成する場合と、両者を一つの書面に合体し、1年間を展望するような書式が用いられる場合がある。

③ 月間指導計画（月案）

　月間指導計画は、年間指導計画と期間指導計画をもとに、1か月単位で立案する計画で、通称「月案」と呼ばれている。作成に当たっては、年度当初に4月から3月までの月間指導計画を一斉に作成するのではなく、年間指導計画と期間指導計画をもとにしつつも、月末ごとにその月の保育について振り返り、それを次の月間指導計画に反映させるという具合に、一月ごとに実態に応じた計画を柔軟に作成していく。つまり、年間指導計画を月に分割し、それを単純に当てはめて立案するのではない。実態に即し、修正しながら一月分ずつ作成し、年度末には最終的に各月の指導計画ができあがる。

(3) 短期の指導計画

① 週間指導計画（週案）

　月間指導計画に基づき、それをさらに具体化するものとして週ごとに立案

するのが週間指導計画で、通称「週案」と呼ばれている。1週間の流れや曜日による特性をふまえて日々の連続性に配慮し、月曜日から週末までの流れを見通して作成する。

② 日の指導計画（日案）

　月案、週案に基づきそれらを具体化するために、1日ごとに立案するもので、通称「日案」と呼ばれている。これは、最も具体的で最も実践的な指導計画である。実際の子どもの活動や配慮事項、環境設定、個々の教材・教具の配置や数量に至るまで詳細にイメージして立案する。

　日案は週案と合わせ一つの書面にまとめて記述することもある。その場合は、通称「週日案」と呼ばれている。

(4) その他の計画等

① 日課表（デイリープログラム）

　幼稚園・保育所等において、日々繰り返し実施される子どもの活動を日課という。その日課を1日の生活の流れの基本型として、時系列で配置し示したものが日課表（デイリープログラム）である。

　日課表は、指導計画とは異なるものであるが、日案との関連が強く、保育実践上欠かせないものである。それゆえ、時に日案と混同されがちであるが、目的が異なっている。日課表は、規則正しい生活リズムの形成や基本的生活習慣の自立や自律をめざして作成されるものである。したがって、生活リズムが適切に案配され、食・着脱衣・排泄・清潔・睡眠等々の基本的生活習慣の形成が日々の繰り返しのなかで自然と身につくことを念頭に作成される。作成に当たっては、活動と休息、動と静、集中と発散、個々の活動と集団での活動など、これらのリズム・変化・バランスに配慮する。

　また日課表は、日々作成されるものではなく、繰り返し使用し、習慣化するよう継続的に用いられる。また、通常、季節や期の特性に応じ、年間何通りかの日課表を作成し、使い分ける。

　日課表では、日案のように日々異なる具体的な活動内容については取り上げず、日々繰り返される活動の軸が1日の時間の流れに沿って示される。日案作成時には、安定した生活リズムや生活習慣が形成されるよう、日課表を軸として1日の活動の流れが案配される。

② 細案

　細案とは、1日の一部分について取り上げ、詳細に立案する指導計画のことである。

保育者は、1日の指導計画（日案）を作成する際、場合によっては日常的に日々繰り返し行われることについては記述を簡略化し、その日ならではの遊びや活動については細案を用いる等の工夫をし、要点を押さえたうえで、指導計画作成の効率化・省力化を図ることがある。

（5）クラス担任としての指導計画の作成

　先に述べたように、保育者は、「年間指導計画」「期間指導計画」「月間指導計画」という長期計画を立案し、それを具体化した実践的な短期計画として「週案」「日案」あるいは「週日案」を立案する。

　指導計画作成の際、用紙に書くことに気持ちが集中しがちであるが、実は、用紙に「書くこと」よりも、実践しようとする保育について、あらかじめ模索するという「プロセス」が重要である。特に保育実践に不慣れな場合、実際の保育場面ではやり直しがきかないため、やり直しのきく紙面上での試行錯誤が必要になる。手順としては、指導計画作成上でさまざまな可能性を探り、迷い、最終的には選択したことを計画として確定し記述していく。

　このように指導計画を作成することは、保育をデザインすることである。指導計画作成は、現状の子どもの様子から子どもの志向を想定し、必要な教材・教具やその活用方法を工夫し、子どもの興味を引き出すよう環境設定に思いをめぐらす時間となる。保育者の十分な子ども理解と、このプロセスを経ていることが、とっさの場面でも計画に縛られずに、その時々の子どもの状況に合わせ、その場に最もふさわしい保育展開を判断し、実践するうえで有効となる。

　また、保育実践後に必要なことは、指導計画そのものや、保育展開の実際、子どもの様子・成長などについて振り返り、省察・評価・反省することである。計画と実践には往々にしてズレが生じるものであるが、その原因を確認し次の保育に生かすことは、次の計画立案をより精度の高いものにしていくために有効である。その流れを記述すると次のようになる。

> 計画(Plan)→実践(Do)→省察・評価(Check)→ 改善(Act)→次期の計画（P）→実践(D)→省察・評価(C) → 改善(A) →さらに次期の計画(P) →(D) →(C) →(A) → …

　この考え方は「ＰＤＣＡサイクル」と呼ばれ、保育に限らず一般的に業務

管理の手法として広く用いられている。ＰＤＣＡの最後の（Ａ）は次期のＰＤＣＡにつながり、螺旋（らせん）を描くようにスパイラルアップし、継続的に保育を改善していくことにより、保育の質と保育者の力量が維持・向上されるのである。

つまり、計画は立案し終えたところがゴールではなく、それを用いた実践へとつながる。そして、実践を経て浮かび上がった改善点を、次の計画に生かしていくというように連鎖させていくことが可能であり、重要である。

さらに欲を言えば、慣れに任せず、時には記載方法や書式自体を工夫するなどして、効率よく作成し、浮いた時間は教材研究や子ども理解等に充当するなど、業務全体の効率化を図ることが望ましい。

第2節　「言葉」の指導計画の作成

（1）領域「言葉」と指導計画

これまで学習したように、言葉は、子どもを取り巻く環境のなかで、子ども自身が他者とつながり、自分のさまざまな要求を満たし、生活に適応していくなかで次第に獲得されるものである。また、獲得した言葉によって、子どもの生活そのものが豊かになり、さらに言葉に関する発達が促されていく。

保育者は、子どもの保育環境をどのように整え、子どもの生活に広がり・喜び・楽しみを構築することができるのかを考える。言い換えれば、子どもが意欲的に生活し、言葉を知り、言葉を使い、言葉の豊かさ・おもしろさ・美しさを感じる心が育つよう配慮し、適切な支援を考え、実践するのである。その際に、当然のことだが、成り行き任せでは効率が悪い。そこで、第1節で述べたように、教育課程・全体的な計画に基づき、1年間を見通した計画「年間指導計画」を立案することになる。

指導計画を作成する際に留意したいのは、領域「言葉」だけでなく、5領域の関係性を総合的に考慮しつつ、季節感、年間行事予定、保護者や地域との連携に配慮し、バランスよく保育内容を配置することである。また、保育は日々の連続性のなかで成り立つものであるから、1年間が緩やかに連なっていくよう時間の流れを意識し、そのなかでの子どもの成長を予測して無理のない計画を立案することが大切である。

言語教材についても、それぞれの特徴や利点について熟考し、たとえば絵本のみ、紙芝居のみといった偏った計画にならないよう、絵本と紙芝居の特

性を熟知したうえで、それぞれの特性を生かすよう、バランスよく、計画的に取り上げることが望ましい。その他の教材についても同様である。

（2）事例からみる「言葉」の指導計画

ここでは、ある幼稚園での週案（表11-1）と、それをもとに作成された日案（表11-2）を例示し、指導計画作成上の配慮事項について確認していくことにする。例示したのは、5歳児の週案と日案で、前週にバス遠足で動物園に出かけた園児が、遠足のイメージを共有してごっこ遊び（遠足ごっこ、動物園ごっこなど）をしている姿を受け止めて立案されたものである。

時期としては秋（10月）で、子どもたちは日々自律的に生活してきた積み重ねのなかで、園生活のリズムを身につけており、クラスとしてのまとまりや、活発な言語活動が展開されているクラスの例である。

① 週間指導計画（週案）の作成について

週案作成にあたっては、日々の連続性を大切にしたい。また、1週間の流れを意識し、曜日ごとの特性に留意することも必要である。たとえば、1週間のはじまりの月曜日は自宅での生活リズムの影響が大きく、全体的に落ち着かないことが多いので、新しい活動に取り組むより、慣れ親しんだ活動を主軸にする方がよい。また、昼食を伴わないなど、短時間の午前保育の場合には、時間を要するような活動（製作したうえでその製作物を用いて遊ぶというような活動）などには不向きである。週末には集団生活の疲れが出やすく、長時間の集中を要するような活動や新しく挑戦する一段階難易度の高くなる活動、けがにつながりやすい活動はできるだけ避けた方がよい。

週案は月間指導計画（月案）に基づいて、前後の週との兼ね合いも視野に入れ、そのなかの1週間について立案する。できれば、1週間のなかで、さまざまな領域に関わるような活動がバランスよく配置されていることが望ましい。例示した週案では、下線部分が領域「言葉」に深く関わる部分だが、他の領域「健康」「人間関係」「環境」「表現」も意識した計画となっている。また、少しずつ段階を踏んで発展させており、技術的にも、心理的にも子どもたちに無理のないように次の活動につながるよう案配されている。保育者の関わりとしては、子どもたちの気持ちに寄り添いながら、また5歳児の発想や意見を引き出し、その主体性に委ねつつ保育を展開している。そのためには十分な時間配分をし、子どもたちが考えたり試したりする時間を確保しておくことが必要である。

第11章 「言葉」の指導計画

表11-1 週の指導計画（週案）

2017年10月　第3週　10月16日（月）〜10月20日（金）			ほし組（5歳児）	
週の ねらい	・遠足の感動や発見を保育者や友だちと話し合い、共有する。 ・遠足の余韻を味わい、言葉や絵で表現し、紙芝居づくりへと発展させる。			
子ども の姿	・楽しみにしていた遠足にクラス全員が参加でき、遠足での感動を昼食の際に活発に話したり、自由遊びの場面で再現したりして楽しむ姿が見られる。			
日	曜日	環境	子どもの活動	保育者の支援・留意点
16	月	・動物の図鑑や動物が出てくる絵本・紙芝居を手に取れるように展示しておく。	・保育室で、椅子を並べてバスに見立てて、遠足ごっこを楽しむ。 ・動物園の動物の動きを模倣して、身体表現遊びをする。	・動物園のことを思い出せるように言葉をかけながら、バス遠足ごっこを楽しみ、身体表現遊びへ誘導する。
17	火	・遠足ごっこ用に、園庭用敷物を用意しておく。 ・遠足の写真を保育室に展示しておく。	・園庭も使った遠足ごっこに発展させて、4歳児クラスの子どもも交えて遊ぶ。 ・遠足の写真を見ながら、友だちと少人数で話す。	・月曜日の活動を戸外活動へ発展させる。 ・図鑑や写真を各自の興味関心にしたがって活用できるように配慮する。
18	水	・画用紙、色画用紙、絵の具を用意し、遠見が効くよう、また背景の処理が簡便に進むようにする。	・遠足の思い出を友だちが話すのを聞いたり、話したりし、保育者や友だちと共有する。 ・遠足の思い出を絵で表現する。	・クラス全体で、動物園へ遠足に行ったことを共有できるように言葉で表現し、絵画表現、紙芝居製作へと遊びを広げる。
19	木	・登園時に絵が見えるようにあらかじめ展示しておく。 ・紙芝居の舞台を手に取れる場所に用意しておく。	・絵を連続させることによってお話が生まれることに気づき、一連の紙芝居になるように、絵の組み合せとストーリーを考える。 ・演じたり、観客になったりして紙芝居ごっこを楽しむ。	・絵の組み合わせやストーリーの展開など、子どもの発想に寄り添いながら進める。 ・観客になって子どもたちと一緒に楽しむ。
20	金	・チケット用の画用紙、ポスター（グループ製作）用の画用紙等を用意する。	・4歳児クラスを招待して「紙芝居の会」を催すための準備をする。 →チケット・ポスターづくり、室内装飾など。	・どのような準備をしたいのか、子どもたちの発想を引き出せるようにゆったりと話し合う。

② 日の指導計画（日案）の作成について

　日案作成に際しては、子どもたちの姿を的確に把握していることが必要であり、今ある子どもの姿の先に「ねらい」とすべきことは何か、どのような「活動」を取り入れることが現状に最もふさわしいか等々を吟味することが必要である。

　事例の日案（表11－2）では、1日の主たる活動は「紙芝居づくり（その内の画面製作部分）」となっており、そのベースになっている週案（表11－1）にまでさかのぼると、その日の前後に日々連動した活動が展開され、紙芝居の完成へ至る予定になっていることがわかる。その前提として、このクラスの子どもたちが日常的に紙芝居に親しみ、時には覚えたストーリーを保育者同様に互いに演じて見せるような姿が日常的な遊びのなかで見受けられることが想像できる。

　日案では、保育者の関わりとして、個々の子どもたちの発達やクラスの状況に合わせた支援や留意点をあげる必要がある。

　たとえば、例示した5歳児クラスでは、保育者は提案する、問いかけるなどの関わりを工夫し、子どもたち自身が考えたり、気づいたり、発言したりできるように留意している。また、グループ活動の際には、子ども同士のやり取りを重んじ、それを見守るよう年齢や発達、クラスの状況に合わせた留意事項があげられている。さらに、歌を歌うという表現活動に際して、歌詞の意味に気づいたり、言葉の響きやリズムを味わったりするような活動が日頃から実施されていることが読み取れる。

　このように「言葉」は、園生活のさまざまな場面で用いられており、そのチャンスを生かした日々の指導を積み重ねることが可能である。子どもの言葉に対する感覚を養ったり、言葉への興味や関心を高めたり、言葉で表現する力や聞こうとする意欲を養う活動は日常的に多様にあることを念頭に、細やかな配慮を日案に盛り込みたい。

第11章 「言葉」の指導計画

表11－2　日の指導計画（日案）

ほし組	10月18日（水）	ねらい	○遠足の余韻を楽しみ、遠足について絵や言葉で表現する。

時間	子どもの活動	保育者の支援・留意点
8:45	○登園する ・保育者や友だちに挨拶する。所持品の片づけをし、お便り帳に出席シールを貼る。 ○園庭で遊ぶ（跳び箱、竹馬、砂遊び、ままごと遊びなど、雨天の場合は、室内遊び）。	○子どもと挨拶をし、所持品の片づけなどを見守る。忘れている場合には、<u>気づくように言葉をかける</u>。 ○園庭全体の様子を把握しながら、安全の確保に留意する。
9:10	○片づけをし、入室する。 ・手洗い、排泄をすませて着席する。	○片づけに時間がかかりそうなところから片づけをはじめるように<u>順次言葉をかける</u>。
9:20	○朝の集まり ・歌「たのしい遠足」「栗の実」を歌う。 ・歌詞の意味を味わい、スタッカートのリズムを楽しんで歌う。 ・親しみをもって朝の挨拶をする。 ・当番の子どもは、各グループの欠席者を確かめ、<u>クラス全体に伝える</u>。 ・体操「ミッキーマウス体操」を楽しむ。 他児とぶつからないように、広がる。	○ピアノを弾きながら、子どもたちが集まるよう誘いかける。リズミカルに、そして、怒鳴らずに丁寧に歌うように導く。 ・当番の子どもに出欠確認をするよう伝える。<u>クラス全体に聞こえるよう</u>元気よく伝達するよう伝える。 ・前後左右にぶつからないようにしたいがどうするかと<u>問いかける</u>。
9:40	○紙芝居「遠足の思い出」を製作する。 ・遠足の思い出を話したり、友だちや保育者の話を聞いたりし、<u>遠足のイメージを膨らませる</u>。 ・保育者の提案を喜び、紙芝居づくりに興味をもつ。 ・紙芝居の絵なので、遠くから見てもわかるように、大きくはっきり描くことに気づく。 ・各自、白画用紙・色画用紙を選択する。 ・スモックを着て、机・椅子をグループごとに並べ、絵の具の準備をする。 ・思い思いの場面を選んで、絵を描く。 ・描き終わった子どもから、作品棚に画用紙を置き、スモックを脱ぎ、片づける。 ・集中し、粘り強く、描画に取り組む子どももいる。	○<u>積極的に発言できるように楽しい雰囲気や安心感をつくる。全員が発言の機会をもてるように配慮する</u>。恥ずかしがる子どもに対しては、<u>さりげなく支援する</u>。 ・みんなで遠足の絵を描き、お話や紙芝居をつくることを提案する。 ・絵は紙芝居に仕立てるので、細かい描写よりも、遠くから見てわかることが大切であることや、<u>そのための工夫について話をする</u>。 ・<u>子どもたちが声を掛け合って準備するよう見守り</u>、一緒に用具の準備をする。 ・<u>グループ内でのやり取りに着目する</u>。 ・描画に行き詰まっている子どもには、<u>イメージが広がるよう、話を引き出す</u>。 ・あせらず取り組めるように配慮する。 ・時間になったら<u>翌日も続きができることを伝え</u>、製作活動を切り上げる。 ・片づけを子どもたちと一緒に行う。

時刻	環境・子どもの活動	保育者の援助と配慮
11:00	○降園準備をする。 ・手洗い、排泄をすませ、かばんをもって、ピアノの前のコーナーに座る。 ・早く準備ができた子どもは、各自のハンカチで、ハンカチ遊びを楽しむ。	○準備の遅い子どもに、他児の様子に気づくように言葉をかける。
11:30	○お帰りの会 ・ハンカチ等を片づけ、保育者に注目し、手遊び「いとまきまき」を楽しむ。 ・紙芝居づくりの話を聞いたり、感想を話したりする。 ・紙芝居づくりに関心を深め、紙芝居づくりや発表し合うことに興味を抱く。 ・当日の当番は、お便り帳を配る。 ・当番に対し、感謝を伝える。 ・翌日の当番は、その場で立って挨拶をする。 ・歌「さようなら」を元気よく歌う。	○ピアノの椅子に座り、お帰りの会へ誘導する。 ・子どもたちの発想を加えながら、手遊びを一緒に楽しみ、テンポを変えるなどして、最後はゆっくり静かに終えて、話に集中できるようにする。 ・紙芝居づくりを明日以降も続けようと誘いかける。完成したら「紙芝居の会」を行って、見せ合ったり、年少クラスに披露したりすることを提案する。 ・当番の活躍をたたえ、子どもたちと一緒に感謝を伝える。 ・翌日の当番を確認する。 ・翌日への期待をもって降園できるように配慮する。
12:00	・「さようなら」の挨拶をする。 ○降園	

【参考文献】

太田悦生編『新・保育内容総論［第2版］』みらい　2010年

文部科学省「幼稚園教育要領」2017年

厚生労働省「保育所保育指針」2017年

内閣府・文部科学省・厚生労働省「幼保連携型認定こども園教育・保育要領」2017年

第12章
発展事例―保育内容「言葉」のまとめ―

　2018（平成30）年4月に、新たな幼稚園教育要領（以下、要領という）、保育所保育指針（以下、指針という）、幼保連携型認定こども園教育・保育要領（以下、教育・保育要領という）が施行された。

　その5領域のなかの、言葉の獲得に関する領域「言葉」では、「経験したことや考えたことなどを自分なりの言葉で表現し、相手の話す言葉を聞こうとする意欲や態度を育て、言葉に対する感覚や言葉で表現する力を養う」[1]としてまとめ、示している。第12章では、この領域「言葉」が示している言葉の獲得を発展事例として示していく。

[1] 文部科学省「幼稚園教育要領」、厚生労働省「保育所保育指針」、内閣府・文部科学省・厚生労働省「幼保連携型認定こども園教育・保育要領」領域「言葉」より

第1節　発展事例（1）

　前川喜平[2]によると、言葉の獲得には、まず、耳が聞こえること、それから目が見えて、五官が必要であるとのことである。これは何を意味するかというと、自分のまわりにいて世話をしている人（主に母親）の表情はもちろんのこと、言葉かけなどにより、言葉がお互いのコミュニケーションとして使われていることに乳児が気づき、それが言葉の獲得につながるということである。

[2] 前川喜平
東京慈恵会医科大学名誉教授

　たとえば、生後2か月近くになると、話しかけられたときや、機嫌のよいときに「あーうー」など叫び声ではない声が出るようになる。いわゆるクーイングであるが、このとき、応答するように声をかけると、まだ言葉は出なくても、乳児の言葉の能力はこの体験をとおしてどんどん発達していく。その後、月齢が上がるにつれてクーイング[3]や喃語[4]の量が減り、自分の意図・意思を伝えるための声が出はじめる。そして、声を出しながら、ほしいものを指でさし、要求するようになるのである。さらに、言葉の調子で、褒められているのか、叱られているのか、抑揚に反応して理解するようにもなってくる。2歳半頃には言葉を覚え、長いやり取りもできるようになってくるの

[3] クーイング
第3章p.39参照。

[4] 喃語
第3章p.40参照。

である。

第1節では、3歳未満児の事例を学んでいく。

(1) 発展事例①―生後5か月

　A児(写真12-1)は首がすわり、寝返り、腹ばいができるようになる。いろいろなものをよく見つめ、お気に入りの犬のぬいぐるみを近づけると、その動く様子を食い入るように見つめる。保育者が「ワンワン」と鳴き声を出して動かすと、「あーあー」と声を出してうれしそうに反応する。ぬいぐるみを横に置き、保育者自身がA児に顔を近づけると微笑みを返し、保育者が顔をそらすと、「あーあー」と声を出すなど、表情の変化、体の動き、クーイングなどにより表現をする。この時期には保育者は、クーイングを十分に受け止め、語りかけたり、歌いかけながら、大人との相互の関わりが楽しめるようにすることが大切である。

写真12-1　生後5か月

(2) 発展事例②―1歳3か月～2歳未満

　1歳児は、はいはい、立ち上がり、歩きはじめと活動範囲が広がる。好奇心は旺盛で、手当たり次第いじくり回し、引き出しを開けてひっくり返したりする。行動はその意図がはっきりと分かり、行おうとする目的と、そのためにどのようにするかの手段が分化してくる。2歳に近づくにつれ、分化はよりはっきりとしてくる。

　1歳3か月～2歳未満になると、周囲への関心や、大人との関わりの意欲が高まる。また、保育者の語りかけを喜び、覚えた言葉を使い話そうとする。写真12-2のように、興味のある絵本を見たり、保育者の絵本の読み聞かせでは、指をさしたり、簡単な言葉のやり取りができるようになる。

写真12-2　2歳未満児クラス

（3）発展事例③―3歳

3歳頃には反抗期を迎えるといわれる。誰に反抗しているわけでもなく、自分の主体に忠実になろうとしている。自己の芽を伸ばし、自我のあふれる発達の時期なのである。この時期は、3歳児の能力を尊重して、「…のはず」「…のつもり」を認めてあげることが、後の発達の基盤を確かなものにする。

この時期は、挨拶や返事ができ、自分の名前が言えるようになる。また、写真12-3のように、保育者の話をよく聞き、困ったことやしてほしいことを動作や言葉で伝えようとする。

絵本を読んでもらったり、紙芝居を見たり、聞いたりして、楽しむこともできる。

写真12-3　3歳未満児クラス

第2節　発展事例（2）

ここでの事例は3歳以上児についてである。3歳頃になると、生活や遊びに必要な言葉を使ったり、言葉のやり取りを楽しんだり、絵本や紙芝居を楽しむことができるようになる。また、してほしいこと、困ったことを言葉で訴えることもできるようになる。4歳頃には、したいことを言葉で表現したり、わからないことを尋ねたりする。また、保育者の話を親しみをもって聞き、友だちと会話を楽しむことができるようになる。さらに、絵本や物語などに親しみ、興味をもって聞き、想像する楽しさを味わうこともできるようになる。5歳頃には、日常の挨拶、伝言、質問、応答、報告が上手になる。また、生活に必要な簡単な標識や文字などに関心をもつ。

写真12-4は、友だちとけんかをし、その悔しさを保育者に訴えている様子である。この頃になると、自分の思いを言葉で訴えることができるようになる。けんかの原因も確かめなけれ

写真12-4　3歳児の訴え

ば気がすまない。自分が悪いとは思っていないため、妥協はなく、保育者に理解してほしいため、「せんせい、あのね」とその訴えには熱が入る。

写真12-5は、「今度はぼくが絵本を読むので、ちゃんと聞いてね」と得意気である。

絵本や童話などに親しみ、保育者が読み聞かせた絵本や童話を覚え、自分も年下の友だちに読み聞かせている。このような交流をとおして文字に興味をもつようになるのである。

写真12-5　今度はぼくが読む

第3節　発展事例（3）

国が違えば習慣が違う、食べ物が違う、文化が違う。すべてにおいて異なるところがある。

現在、わが国では、以前から続いている外国人の流入の増加に伴い、在留外国人の数が急激に増えている。その多くが家族や子どもを伴って来日し、また近年では本国にいる親戚などを呼び寄せて日本に定住するようになり、その子どもたちが日本で生まれて、今現在その数を増やしている。このように、現在の、そして今後増えてくる外国につながる子どもたち[*5]は、日本生まれ、あるいはごく幼い時期に来日し、日本の就学前施設に通い、メディアや友人関係をとおしてごく自然に日本文化に接してきた子どもたちである。

少子化社会の日本において、今後、ますます増え続け、地域の活性化に寄与することが推測される外国につながる子どもたちが、就学前施設においても在籍するようになってきているため、第3節では、筆者が行った調査に基づき[*6]、外国につながる子どもたちの日本においての言葉の獲得をみていく。

（1）発展事例①―岩手県町村部

岩手県の町村部において在留外国人の数が目立って多い一地域では、134名の在留外国人中100名近くが、フィリピン、中国、韓国からの「女性配偶者」たちであり、さらに同地区の小学校のあるクラスでは、クラス生徒21人中17人が国際結婚カップルの子どもという事例が確認された。女性配偶者自身、

*5　外国につながる子ども
外国籍の子ども、両親のいずれかが外国籍の子ども、帰国子女の子どもなど、言語文化背景が異なる子どもを「外国につながる子ども」と定義する。

*6
三菱財団社会福祉事業研究助成の一環として調査した「多文化共生社会における子どもの育ち―首都圏一公立保育所と岩手県町村部の外国につながる子ども―」より

第12章　発展事例―保育内容「言葉」のまとめ―

日本語を読むことに困難はあるが、夫や夫の両親、夫のきょうだいが同居している場合が多く、また、先輩の外国人の女性配偶者が身近にいるため、保育所や小学校からのお便りについては説明をしてもらうなど、読むことには不便を感じてはいない。保育所や小学校でも特別に書類を翻訳するという配慮もしていない。また、子どもたちは、日本の子どもたちと同様、各年齢に応じて自然に言葉（日本語）を獲得している。

(2) 発展事例②―首都圏一公立保育所

　一方、保護者や子どもが外国籍である首都圏の一公立保育所の場合である。調査対象保育所は、首都圏の県営団地に隣接している公立保育所で、日本・ベトナム・中国・タイ・ラオス・カンボジア等、さまざまな国につながる子どもたちが一緒に生活する、国際色豊かな保育所である。定員は72名（6か月～5歳児）である。当初は定員100名で発足したが、近隣の子どもが次第に減少し、1987（昭和62）年度には定員が60名に変更になった。その後、外国につながる子どもの増加により1999（平成11）年度より72名の定員となり、そのうち、外国籍の子ども（ベトナム・中国・カンボジア・タイ・ラオス・ペルー・バングラディシュ・エジプト・インドネシアなどにおよぶ）が園児の約85％を占めている（2017［同29］年10月現在）。

　子どもたちは成長とともに日本語を使えるようになるため、保育者などとのコミュニケーションにはほとんど不都合はない。また、保育者は、子どもたちが日本の社会のなかで安心して過ごしていけるように、日本の生活習慣・文化・語彙（言葉）などをできるだけ伝えようと、さまざまな場面で支援をしている。

　写真12－6の事例は、絵本のなかの絵を指さし、「これはなあに」と問いかけをしている様子である。保育者は一つひとつの絵と、日本語がつながるように、丁寧に言葉かけをする。まわりの子どもたちも一緒に発音し、絵と言葉をつなげている。保育者は全員、日本語で対応しているが、保育者と子どもたちの間には信頼関係が築かれている。

　3歳児以上になると、日本の子どもと同じくらい日本語を獲得してくる。皆で共通の話題について相談したり、

写真12－6　これはなあに

絵本を見合ったり、話し合うことを楽しんでいる姿もみられる（写真12-7）。子どもたちはごく自然にお互いを受け入れている。

保育所では、ボランティア団体・地域と協力して、毎週1回「子育てサロン」を開催している。日本人・外国籍の親子合わせて10組前後が参加し、子どもたちを遊ばせる場となるとともに、子どもたちが自然に日本語を獲得する機会にもなっている。

写真12-7　絵本を見合う

子どもたちは保育所では日本語、家庭では母国語、時には親の通訳を担っているケースもあるため、保育所ではさまざまな工夫をしている。たとえば、対応についてのマニュアルを策定しており、そのなかで、コミュニケーションの取り方や生活習慣等に関しては、「文化の押し付けや同化ではなく、信頼される仲間を目指す」と記載されている。また、4か国の言語別（日本語・ベトナム語・中国語・英語）に入園説明会を行っており、その後の保護者との面接では通訳をつけ、十分に意思の疎通を図るようにしている。面接時に把握した事項は、日々の保育に生かしており、担任以外にも把握しておいてほしい特別の事情などがある子どもに関しては、職員会議等で報告し、全職員が情報を共有するようにしている。さらに、日本語の文章を読むことが困難な保護者が多いため、連絡帳は使用せず、その日の遊びの様子を写真に撮って園内の掲示板に掲示をしたり、4か国の言語で簡単な説明をつけた絵カードで、何を行ったのかを伝えるなど、園全体が一丸となって外国につながる子どもやその家庭への支援をしている。

子どもの言語環境から読み取れることとしては、まず子どもは友だちや保育者とのコミュニケーションは一応取れている。しかし、日本以外の国で生まれ育ってから日本にやって来た場合や、外国籍の子どもの保護者のなかには、いずれ母国に帰ると考えて積極的に日本語を覚える努力をせず、たとえ覚えたとしても、少ししか話せない状況があり、小学校に入学後の学習理解はもちろん、子ども同士お互いの意思の疎通が難しくなる場合が考えられる。

家族構成が子どもと外国籍の父親、母親の場合は、子どもの日本語の発達に影響があることが今回の調査でわかった。父親は仕事で忙しいため帰りが遅く、母親は子どもの話し相手、学習の相談に乗ることはできないため、次第に子どもの言語発達は遅れ気味になる。さらに、母親は日本語が十分ではないのにもかかわらず、日本語で話すため子どもの日本語が不正確になるこ

とがある。日本語で子どもに話しかけることは必要だが、特に就学前には、母親の母語であっても十分に子どもに話しかけることが、その後の日本語指導に生きると考えられる。

　乳幼児の愛着行動[*7]の重要性から考えても、母親の愛着行動が増えることによって、子どもの精神の発達に大きな影響を与えることとなる。自分の日本語が不正確なため、子どもに話しかけることを躊躇するのではなく、たとえ母親の母語であっても子どもに話しかけるという愛着行動は、その後の日本語教育につながるよい機会となる。

　第3節は、第1節、第2節の事例と同じに考えることはできない場合もあるが、首都圏一公立保育所の保育者は、指針（要領、教育・保育要領も同じ）の5領域、言葉の獲得に関する領域「言葉」の「ねらい」や「内容」に基づき、実践している。そして、日本語をうまく使えなかったり、理解が十分できなかったりする保護者・子どもに対して、さまざまな工夫を行っている。

　外国籍であっても、日本人であっても、子どもの言葉の発達に違いはない。その獲得に関していかにまわりの人々、保育者が関わるかである。コミュニティという社会のなかで、どのくらい人とコミュニケーションを豊かにできるかということが、言葉の獲得につながっていくのである。

[*7] 子どもと養育者の間に形成される情緒的結びつきを、イギリスの医師、精神分析家であったボウルヴィ（Bowlby,J.）は愛着と名づけた。彼によると、子どもは社会的、精神的発達を正常に行うために、少なくとも一人の養育者と親密な関係を維持しなければならず、それがなければ、子どもは社会的、心理学的な問題を抱えるようになるという。第4章p.52も参照。

【参考文献】
厚生労働省　「保育所保育指針」　2017年
咲間まり子　「多文化共生社会における子どもの育ち－首都圏一公立保育所と岩手県町村部の外国につながる子ども－」　国際幼児教育学会　研究Vol.19.　2011年
咲間まり子編著　『子どもと社会の未来を拓く－保育内容－人間関係』　青踏社　2010年
内閣府・文部科学省・厚生労働省「幼保連携型認定こども園教育・保育要領」2017年
文部科学省　「幼稚園教育要領」　2017年

【協力】
盛岡市立太田保育園
首都圏公立保育園

第13章
言葉と国語教育―小学校教育へ―

　文部科学省文化審議会国語分科会*1（以下、分科会という）によると、「家庭における本の『読み聞かせ』や『お話』などは、子どもの言葉を育てることに結び付く極めて大事なものである。国語教育の第一歩は、乳幼児期における親の言葉掛けであり、家庭内のコミュニケーションである。子どもにとって読書が可能になれば、読書により言葉の数を増やすことができるが、更に大切なことは家庭や地域で様々な経験を積ませることで、言葉と社会や事物との関係を習得できるように配慮することである」と示している。

　すでに学んできたように、2017（平成29）年3月に、幼稚園教育要領（以下、要領という）、保育所保育指針（以下、指針という）、幼保連携型認定こども園教育・保育要領（以下、教育・保育要領という）が改訂（定）され、2018年（同30）年4月に施行された。今回の改訂（定）では、幼児教育と小学校教育との接続の一層の強化を図ることが一つの改訂（定）点になっている。従来から幼稚園、保育所、幼保連携型認定こども園での教育・保育が「小学校以降の生活や学習の基盤の育成につながる」ことは明記されていたが、これは「子どもの発達の連続性」は乳幼児期の生活や育ちが基礎になり小学校での学習や教育につながっていくことを意味する。

　子どもは幼い頃から幼稚園、保育所等の就学前施設、両親、そして地域の人々による絵本の読み聞かせを経験している。本章では、与える側の大人はどのようにして絵本を選択し、それを聞いて育っている子どもたちにはそれがどのような力として現れてくるのか、また、絵本や読み聞かせなどがどのような形で小学校の学習につながっていくのかを考えてみる。

第1節　国語へのつながり

　小学校学習指導要領*2に示されている国語の教科の目標は、「言葉による見方・考え方を働かせ、言語活動を通して、国語で正確に理解し適切に表現

*1　文部科学省文化審議会国語分科会
文部科学省設置法第20条および文化審議会令に基づき、文部科学大臣および文化庁長官の諮問に応じて、国語・著作権および隣接権・文化財・文化功労者の選定および文化・芸術全般に関する基本的な事項を調査審議すること等を目的として、2001（平成13）年1月に旧国語審議会・著作権審議会・文化財保護審議会・文化功労者選考審査会を統合し、設置された審議会。本文の内容は、文化審議会答申「これからの時代に求められる国語力について」（2004[平成16]年）より。

*2　小学校学習指導要領
文部科学省告示（2017[平成29]年3月31日）

する資質・能力を（中略）育成することを目指す」とある。そして、「第2 各学年の目標及び内容〔第1学年及び第2学年〕2内容（3）ア」では、「昔話や神話・伝承などの読み聞かせを聞くなどして、我が国の伝統的な言語文化に親しむこと」とある。したがって、「国語教育」の基礎という視点で考えるならば、就学前施設での「読み聞かせ」や読書による言語の獲得、「言葉と社会や事物との関係」の習得のための素材として「絵本」は非常に重要であるといえる。

そこで、第1節では、実際の保育場面で絵本がどのように用いられているのか、また、絵本に関するどのような取り組みが行われているのかを、乳幼児期における絵本に関するアンケート調査[*3]をもとに、保育のなかでの絵本の役割を検討してみる。

今回の調査は、A地域の保育所（41か所）の保育士211人、小学校（1校）の児童55人による回答をもとにしている。小学校の回答結果では、保育のなかでの絵本の役割、そして、絵本や読み聞かせなどをとおして、どのような形で小学校の学習につながっていくのかの傾向は把握できると考える。

① 絵本の重要度

まず、乳幼児期における絵本の重要度を保育者に尋ねたところ、「重要である」「やや重要である」を含め、100％の保育者が乳幼児期の絵本の読み聞かせは重要であると回答している（表13-1）。しかし、日々の保育のなかでどれだけ意識して絵本への興味を引き出す環境構成に取り組んでいるかが重要であり、この点については以下に述べていく。

② 各園の蔵書数

次に各園の絵本の蔵書数である。図13-1によると、「200冊以上300冊未満」が25.6％で一番高い割合を示しており、次いで「100冊以上200冊未満」「900冊以上」で15.4％である。なかには3,400冊という回答もあり、保育所の蔵書冊数には差があった。また、「読んであげる時間より他の活動を優先」「絵本より環境面の方を考えている」という意見もあり、蔵書数より保育内容や保

[*3]「絵本に関する調査」（単純集計結果）
【調査の概要】
1．調査目的
幼い頃から私たちが手にしている絵本をとおして、どのような形で小学校の学習につながっていくのかを質問紙調査から明らかにする。
2．調査時期
保育所：2008(平成20)年6〜7月
小学校：2009(平成21)年5月
3．調査方法
保育所：郵送回収法
小学校：留め置き調査
4．調査対象
①保育者
1．乳幼児期における絵本の重要度
2．絵本の蔵書数
3．年齢別絵本の読み聞かせの回数（1日）
4．絵本を読むときの配慮点
5．絵本を選ぶ基準
6．保育者の好きな絵本
7．乳幼児の好きな絵本
②小学生
1．好きな絵本
2．好きな理由
3．誰に読んでもらったか
5．調査有効数（率）
266人（78％）。
うち、保育士211名、児童55名。

表13-1 乳幼児期における絵本の重要度

項　目	件数(人)	％
重要である	204	96.7
やや重要である	7	3.3
どちらともいえない	0	0
あまり重要ではない	0	0
重要ではない	0	0
有効回答数	211	100

第13章　言葉と国語教育―小学校教育へ―

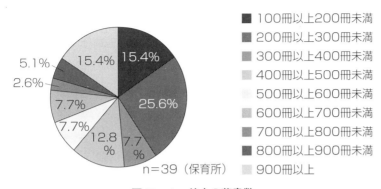

図13-1　絵本の蔵書数

育環境など、他の部分を重要視している園もあった。

一方、「寄贈されたものも多いが、発達年齢に応じたもの、物語系、科学的なものと考えると、まだ足りない」「傷んでいる絵本も多い」「数はあるが、新しいものが少ない」という現状に対する不満の意見や、「予算がなく、新しい絵本がなかなか購入できない」という財政的な面で困難があるという意見もあった。これは、5領域のなかで「言葉」、特に絵本に関しては、他の領域と違い財政面が連動している部分があり、保育者の努力だけでは解決できない面がある。反面、「新しく購入できないため絵本を大切に使っている」という配慮がみられるなど、保育者と子どもがともに絵本を大切に使うにはどうすればよいか工夫する等、国語力の中核である「考える力」を身につけている状況も見受けられた。

③　読み聞かせの回数

次に、年齢別絵本の読み聞かせ回数（1日）をみてみる。

図13-2をもとに計算すると、0歳児から5歳児までの平均は、0歳児が

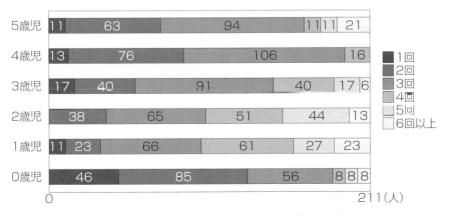

図13-2　年齢別絵本の読み聞かせ回数（1日）

最も少なく2.3回で、その後、1歳児で3.2回、2歳児が3.7回と増加している。3歳児以降は減少し、3歳児3.1回、4歳児2.6回、5歳児2.8回である。0歳児が少ない理由としては、全体に読み聞かせることが少なく、個別に読むことが大半であることから、回数にカウントしていないという点が考えられる。4歳児頃になると身体を動かす遊びや友だちとの遊びが増えることや、自分で読む子どもも出はじめることなどが減少の理由の一つと考えられる。

なかには「1日に10回」という回答があったのに対して、「週に1〜2回」という極端に少ない回答もあり、保育者の読み聞かせに対する意識差がみられた。

分科会によると、発達段階に応じた国語教育の具体的な展開として、3歳までの乳幼児期をコミュニケーション重視期とし、「生後から3歳にかけて、前頭前野の神経細胞は急激に成長する。乳幼児の脳の発達に最も重要なのは、親子のコミュニケーションである。『話す・聞く』を中心とした親子のコミュニケーションを通じて、家庭の中で言葉を育てることが重要である。乳幼児は親とのコミュニケーションによって語句・語彙力を身に付けることができる」と示している。1日の大半を保育所で過ごす子どもにとって保育者とのコミュニケーションは親子のコミュニケーションに値する。絵本の読み聞かせの回数が少ないことが、すぐに、想像力や感受性、言葉のおもしろさを知る機会をなくしていると結論づけることはできないが、保育者の読み聞かせに対する意識の向上を図ることが必要なことは確かである。

④ 読み聞かせ時の配慮点

それでは、保育者が日々の保育のなかでどれだけ意識して絵本への興味を引き出す環境構成に取り組んでいるかについてみることにする。

図13-3によると、保育者が子どもたちの発達過程をとらえて読み聞かせを行っていることがわかる。3歳からは自ら絵本の世界に入り、自ら出てくるという力が育ちはじめるため、静かな声で、語るように読み聞かせることがよいとされているが、回答からも、最も気をつけていることは、「間の取り方」、次いで「読むスピード」「声量」「声色」など、年齢別による配慮がみられた。「その他」としては、「難しい言葉は解説しながら読む」「身振り、手振り、身体全体で表現する」「子どもの反応を見ながら」「あまりおおげさな表現はしない」などがあった。

小学校段階において、「演劇を国語科の授業に取り入れると、『聞く』『話す』『読む』『書く』のすべてが有機的につながる授業が可能となる。言葉が使えるということは、『聞く』『話す』『読む』『書く』が有機的につながるということでもある。このことを実現するためには、文学作品として習うだけでは

第13章　言葉と国語教育―小学校教育へ―

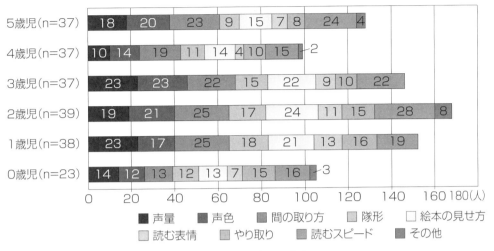

図13-3　絵本を読む時の配慮点

注）複数回答

不十分で、歌にして歌うとか、脚本化して演じるということが大切である」と分科会が示しているように、保育者の読み聞かせ方には、それぞれの保育者の思いや考えがあり、小学校の国語につながる要素を子どもたちは保育者によって体験しているといえよう。

⑤　絵本を選ぶ基準

　それでは、保育者は何を基準に絵本を選んでいるのだろうか。

　表13-2によると、「対象年齢」が36.5％で一番高い割合を示している。

表13-2　絵本を選ぶ基準

項　目	件数(人)	％
対象年齢	72	36.5
ストーリー	65	33.0
題材	22	11.2
季節感	15	7.6
子どもの好み	6	3
直感	5	2.5
絵	3	1.5
読んだことのないもの	2	1
ページ数	1	0.5
作者	1	0.5
その他	5	2.5
有効回答数	197	99.8

注1）構成比に関しては、無回答は除いて算出している。
注2）構成比は四捨五入をしているため、合計が100％になっていない。

次いで「ストーリー」33.0％である。これらの数値は、保育者が子どもの年齢を前提にして、ストーリーのよいものや時期に合っているものを選んでいることを、はっきり示しているといえる。

「その他」のなかには、「子どもが興味を持っているもの」「繰り返し楽しめるもの」「みんなでやり取りができるもの」などがある。

家庭や就学前施設における絵本の「読み聞かせ」や「お話」などは、子どもの言葉を育てることに結びつく極めて重要なものである。国語教育の第一歩は、乳幼児期における言葉かけであり、コミュニケーションである。「その他」の項目に「みんなでやり取りができるもの」を考慮して絵本を選ぶとあるが、これらは子どもの想像力や感受性、言葉のおもしろさを知る機会となり、言語数を増やすことにつながると考えられる。

第2節 学習のはじまり

先にも述べたように、2017（平成29）年に告示された要領、指針、教育・保育要領では、幼児教育において育まれた育ちが、小学校教育へとつながっていくことが再確認された。また、2007（平成19）年には、教育基本法および学校教育法が改正され、幼児期の教育の重要性が改めて強調されている。特に、小学校以上の教育、さらには生涯発達の基礎を育成すべく、幼児期らしさを大切にしながら、小学校以降の教育につなげ、また家庭の教育とも連動していくことの必要性が示されている。

そこで、生涯にわたる人格形成の基礎を培う重要な時期である乳幼児期の教育が、乳幼児期らしさを大切にしながら小学校以降の教育につながり、また家庭の教育とも連動していくという点を、乳幼児期に読み聞かせる絵本と小学校以降の学習や教育のつながりから考えてみる。

調査結果は、第1節と同様、A地域の保育所（41か所）の保育者と小学校（1校）の児童による回答をもとにしている。

① 保育者・乳幼児・小学生の好きな絵本とその理由

まず、保育者の好きな絵本を調べ、それが読み聞かせをしてもらう子どもにどう伝わるか詳しくみていく。

図13-4のとおり、保育者の好きな絵本の上位は、『はらぺこあおむし』[*4]『ぐりとぐら』[*5]『もこ もこもこ』[*6]『わたしのワンピース』[*7]である。また、図13-5のとおり、乳幼児の好きな絵本（乳幼児からの読み聞かせの要望が多いもの）の上位は、『ねないこだれだ』[*8]『もこ もこもこ』『はらぺこあお

*4 『はらぺこあおむし』
エリック・カール作・絵（もりひさし訳）偕成社 1976年

*5 『ぐりとぐら』
中川李枝子作、大村百合子絵 福音館書店 1963年

*6 『もこ もこもこ』
谷川俊太郎作、元永定正絵 文研出版 1977年

*7 『わたしのワンピース』
にしまきかやこ作・絵 こぐま社 1969年

*8 『ねないこだれだ』
せなけいこ作・絵 福音館書店 1969年

第13章 言葉と国語教育―小学校教育へ―

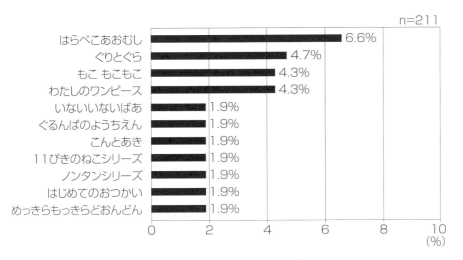

図13-4 保育者の好きな絵本

注1）複数回答
注2）図中の書名は回答のなかから件数の多かった4件以上のみ掲載している。

むし』『ノンタンシリーズ』[*9]『いないいないばあ』[*10]である。

　これらを比較すると、子どもに人気がある絵本と保育者が好きな絵本に極端な違いはみられない。これは、保育者が絵本を選ぶ際、年齢、発達過程に合ったもので、話の筋がわかりやすく、夢があり、温かい「内容」という視点で選んでいることや、子どもの目線で選んでいること、さらに、子どもに読み聞かせをしているうちに、子どもの好きな世界観やストーリーなどがわかり、ともに絵本の世界を楽しむようになってくることも理由の一つと考えられる。

　小学生の好きな絵本の回答は図13-6のとおりである。これによると、『ミッケ！』[*11]『キャベツくん』[*12]のように学校の図書館にある絵本を選んだ小学生が高い割合を示している。

　また、保育者、乳幼児、小学生の好きな絵本と重なっている絵本は『はらぺこあおむし』『シリーズもの』『ぐりとぐら』である。

　好きな理由では、「話の内容」（①楽しい・②おもしろい・③幸せな気持ちになる・④好き）と回答した児童が最も多く、次いで「登場人物」である（表13-3）。登場人物も話の内容と考えると、話の内容（楽しい・おもしろい・幸せな気持ちになる・好き）という回答は、絵本の話、すなわち見えない世界を心の目、イメージとして見ているためと考えられる。

　乳幼児に限らず子どもは絵本を読んでもらい、耳から言葉を受け入れ、心のなかにイメージしていくことから、それが、絵本を聞くことができる力を身につけ、さらに、子どもの想像力に大きな関わりをもっていくと推測される。

[*9]『ノンタンシリーズ』
キヨノサチコ作・絵 偕成社 1976年 初版発行

[*10]『いないいないばあ』
松谷みよ子作、瀬川康男絵 童心社 1967年

[*11]『ミッケ！』
ジーン・マルゾーロ作、ウォルター・ウィック写真（糸井重里訳）小学館 1992年初版発行

[*12]『キャベツくん』
長新太作・絵 文研出版 1980年

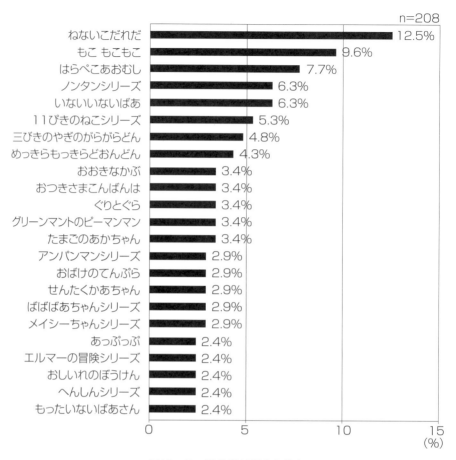

図13-5 乳幼児が好きな絵本

注1）保育者が普段の保育活動のなかで、乳幼児からの読み聞かせの要望が多いものなどを考慮し回答している。
注2）構成比に関しては、無回答は除いて算出している。

　分科会が、3歳～11・12歳（小学校高学年くらい）までの時期には、「前頭前野の神経細胞には大きな変化は起こらないが、語彙力など言葉の知識をつかさどる側頭葉や頭頂葉などの神経細胞は成長を続ける。幼児期では、『読み聞かせ』や可能であれば読書により言葉の数を増やし、さらに『言葉と社会や事物との関係』を習得するために、家庭や地域で多くの様々な経験を積ませることを意識すべきである。これにより、情緒力や想像力も身に付けることができる」と示しているように、絵本をとおして子ども同士、子どもと読み聞かせ者（保育者・家族・地域の人々）が関わり合い、感じたことや疑問に思ったことを話したり書いたりしながら言語に親しむことで、子どもに情緒力や想像力が身についていく。絵本が乳幼児、小学生の育ちにつながっていることやその影響力を考えると、表13-2にも示しているように、絵本

第13章　言葉と国語教育―小学校教育へ―

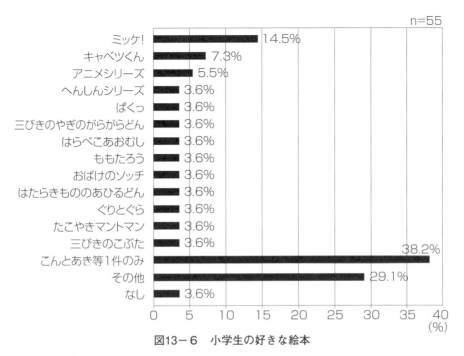

図13－6　小学生の好きな絵本

注1）複数回答
注2）「その他」については、漢字の本、らくごの本、詩集、ギネス世界記録等、絵本ではないものや、「となりのトトロ」「崖の上のポニョ」等、アニメーション映画に関する書籍があった。

表13－3　好きな理由

項　目		件数(人)	%
話の内容	①楽しい	8	14.5
	②おもしろい	25	45.5
	③幸せな気持ちになる	2	3.6
	④好き	16	29.1
登場人物		22	40.0
絵柄		6	11.0
効果音		3	5.5
その他		25	45.5
有効回答数		55	―

注）複数回答

を選ぶ際の視点が重要になってくる。

② 読み聞かせと小学校教育へのつながり

　次に、家庭や地域社会における読み聞かせが小学校国語教育へつながるという側面から考えてみる。

　図13－7によると、読み聞かせたのは、両親を含む家族が高い割合を示している。次いで学校の先生、保育者、地域の図書ボランティアなど（読み聞

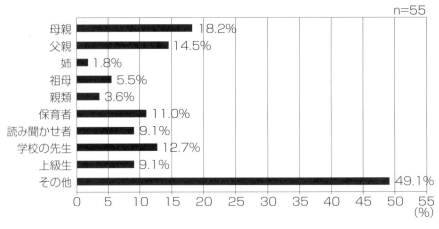

図13-7　読み聞かせたのは誰か

注）複数回答

かせ者や上級生）となっている。幼い頃に読み聞かせをした人々の結果からは、「家庭や学校」と「地域社会」との双方向の活動を大切にしていくことが、子どもたちの国語力をつけることにつながっていくものと考えられる。

　学習のはじまりは、本を読むようにするための「最初の入り口」としての、「読み聞かせ」である。特に、小学校入学前の乳幼児期は、言葉に対する信頼感を育て、言葉を通じてコミュニケーション能力の基礎を培ううえで極めて重要な時期である。この時期に、家庭や地域で絵本等の読み聞かせなどを積極的に行うことが大切になる。

　乳幼児期に与える絵本は決して学習のために与えるのではないが、絵本は乳幼児にとって体験を豊かにする機会を与える。体験が豊かであれば想像力も豊かになり、それが小学校以降の力となって学習や教育につながっていく。乳幼児期における読み聞かせは、子どもの心の発達をうながすものと考えられる。

【参考文献】
厚生労働省　「保育所保育指針」　2017年
文部科学省　「幼稚園教育要領」　2017年
内閣府・文部科学省・厚生労働省「幼保連携型認定こども園教育・保育要領」2017年

付　録

1　心・身体・言葉の発達表（目安）

	6か月未満
発達（心・身体・言葉）	・誕生後、母体内から外界への急激な環境の変化に適応し、著しい発達がみられる。 ・3か月頃になると、周囲のものをじっと見つめたり、物音がするとその音の方を見たりするようになる。 ・4か月頃までには首がすわる。 ・5か月頃になると手足の動きが活発になり、目の前の物をつかもうとしたり、手を口にもっていったりするようになる。 ・その後、寝返りができるようになったり、腹ばいにすると胸を反らして顔や肩を上げるようになる。 ・クーイングをするようになる（アーアー、ウーウーなど）。 ・視覚などの感覚の発達がめざましく、泣く、笑うなどの表情の変化、体の動き、クーイングなどで自分の欲求を表現し、これに応答的に関わる特定の大人との間に情緒的な絆が形成される。
保育者の留意点・配慮点	・疾病への抵抗力が弱いので、一人ひとりの発育や健康状態、生育歴の違いを把握する。 ・職員間の連携や嘱託医等の専門家との連携を密にする。 ・個人差に応じながら、生活リズムをつくっていくことを心がける。 ・離乳は一人ひとりの健康状態や咀嚼、嚥下の状態に応じながら進めていく。 ・窒息、誤飲、転倒などに注意する。 ・脱水状態にならないよう水分補給を十分にする。 ・声をかけたり、スキンシップをとったり、クーイングに応じながら、応答的、情緒的なやりとりを心がける。 ・子どもの好奇心や興味・関心のあるものを見せたり、ふれさせたりしながら、適度な刺激を与える。 ・玩具などは大きさ、形、色、音質等、子どもの発達状態に応じて適切なものを選び、遊びをとおした感覚の発達に効果のあるものを選ぶ。

	6か月～1歳3か月未満
発達（心・身体・言葉）	・6か月頃には、身近な人の顔がわかるようになり、あやしてもらうと喜んだりするようになる。 ・7か月頃には、人見知りをするようになる。 ・はいはいができるようになり、座る、はう、立つ、つたい歩きができるようになる。 ・自由に手が使えるようになり、握り方も手のひら全体で握る状態から、すべての指で握る状態、さらに親指がほかの指から独立して異なる動きをする状態を経て、親指と人差し指でつまむ動作に変わる。 ・周囲の人や物に興味を示し、探索活動が活発になる。 ・身近な大人との関係のなかで、自分の意思や欲求を身振りなどで伝えようとし、大人から自分に向けられた気持ちや簡単な言葉がわかるようになる。 ・食事は、離乳食から幼児食へと徐々に移行する。
保育者の留意点・配慮点	・感染症にかかりやすいので、身体の状態、機嫌や食欲等の状態に留意し、適切な判断をしていく。事故防止にも留意する。 ・姿勢を変えたり、はいはいで移動しながら、探索行動や玩具で遊べるよう、安全で楽しい環境を用意する。 ・子どもの行動をほめたり、認めたりしながら、意欲を伸ばしていく。 ・ほかの子どもたちへの興味・関心をもったり、子ども同士が接することができるよう、子どもの位置などに配慮し、声をかけながら仲立ちをする。 ・一対一の対応を心がけ、声をかけたり、スキンシップを取りながら、情緒的な対応を密にしていく。 ・子どもの感情を「～なんだね」と十分に受け止めながら、気持ちの安定を図る。 ・子どもの発声や欲求、身振り・手振りに応答的に関わりながら、言葉で返すなどしてコミュニケーションの楽しさを伝える。 ・離乳が無理なく進むように、家庭との連携を十分に図る。 ・保育者の優しい歌声や心地よい音楽を聞く機会を増やし、好きな歌や音楽は繰り返して満足させる。 ・遊びにおいては個人差が大きいので、一人ひとりの発育・発達を理解し、子どもが興味をもち、自分からしてみようという意欲を大切にして、温かく見守る。

1 心・身体・言葉の発達表(目安)

1歳3か月〜2歳未満

- 歩くようになり、さまざまな物を手に取り、指先を使いながらつまんだり、拾ったり、引っ張ったり、物の出し入れや操作を何度も繰り返すようになる。
- トイレトレーニングをはじめる。
- 指さし、身振り、片語などを使うようになる。
- 二語文を話しはじめる（言葉は200〜300語ほど使用する）。
- 身近な人や身の回りの物に自発的に関わっていく。
- 初期のごっこ遊びの「見立て遊び」「ふり遊び」がはじまる。
- 絵本に興味をもつ。
- 友人との平行遊びがはじまる。
- 自己主張が強くなり「イヤ」「ダメ」などを盛んに言う。
- 怒りや悲しみ、嫉妬などの感情表出が激しくなる。
- 物の取り合いなど、けんかがはじまる。

- 安全や事故防止に留意しながら、外遊びや戸外の経験を増やしていく。
- 身体能力を発揮したり、高めたりするような遊びや遊具、玩具を工夫する。
- したいことができたという有能感がもてるように考慮し、支援をする。
- 子どもの言葉にも十分対応しながら、言葉の発達とコミュニケーションへの意欲を高めていく。
- 子どもの行動や感情の説明・補足をしたり、絵本を読むことや素話をとおして、言葉や思考、イメージの世界を育てる支援をする。
- 自己主張には耳を傾け、主張を入れられるものはそれに応じて、認められたという満足感を与える。
- 子ども同士で相手の行動や持ち物に関心が増えることで、模倣行動やけんかも出てくるが、少し静観しながら、違う遊びに誘ったり、代用物や代案を示したりして仲介する。
- 食事、排泄、清潔、着替えなどの自立に向けて、自分でしたいという意欲を大事にしながら支援し、できたことは十分にほめたり、認めたりしていく。また、ほかの子どもをモデルとして意識させてみる。
- 排泄の失敗などは叱らないようにする。
- 一緒に絵本を見ながら、絵本の内容を動作や言葉で表したり、歌を歌ったりするなどして模倣活動を楽しめるようにする。
- 自分でしようとしているときや何かに熱中しているときは温かく見守る。また、子どもの発見や驚きを見逃さず受け止め、好奇心や興味を満たすようにする。
- 全身を使うような遊びや、手や指を使う遊びでは、子どもの自発的な活動を大切にしながら、時にはお手本を見せ、一緒に楽しむ。

	2歳
発達（心・身体・言葉）	・歩く、走る、跳ぶなどの基本的な運動機能が発達する。 ・盛んに模倣し、物事の間の共通性を見出すことができるようになるとともに、象徴機能の発達により、大人と一緒に簡単なごっこ遊びを楽しむようになる。 ・発声が明瞭になり、語彙も著しく増加し、自分の意思や要求を言葉で表現できるようになる。 ・はさみが使えるようになる。 ・言葉は700〜900語ほど使用する。 ・食事、衣類の着脱など、身の回りのことを自分でしようとする。 ・排泄の自立のための身体的機能も整ってくる。 ・行動範囲が広がり探索活動が盛んになるなか、自我の育ちの表れとして強く自己主張する姿がみられる。 ・リズムや音楽に合わせて身体を動かせるようになる。 ・「目はどこ？」などの問いに、身体の部分をさせるようになる。 ・○△□の形の概念、大・小、多・少、長・短など、大きさや量などの概念を獲得する。 ・赤・青などの色の名称が言えるようになる。
保育者の留意点・配慮点	・外遊びや戸外活動を取り入れるが、衝動的に動くことも多いので、事故防止や安全への配慮を十分にする。 ・全身運動や手指の巧緻性の発達をうながすもの、音楽などに合わせて動く楽しさを味わえるなどの遊びを考える。 ・ものの認識や概念化が進むよう、言葉で説明したり、「大きい・小さい」など対称となる言葉を一緒に話したりしていく。 ・象徴機能やイメージの発達のために、言葉をかけたり、絵本を読んだり、素話をしていく。 ・探索欲求を満たし、ごっこ遊びが十分楽しめるよう環境を整える。 ・自己主張は十分聞いていく。けんかから学ぶことは多く、双方の気持ちを説明することで、相手にも欲求や感情があることを知り、我慢することも学ぶ。代用物や代案を示しながら、人間関係の基礎づくりの支援をする。 ・排泄や衣服の着脱の自立のために、トイレをうながしたり、着脱の言葉をかけたりする。上手にできたら十分にほめ、認めていく。 ・歌うことや音楽に合わせて身体を動かすことを好むので、子どもの好む歌、簡単な歌詞、旋律を正しく・美しく表現する。 ・子どもの話は優しく受け止め、自分から保育者に話しかけたいという気持ちを大切にし、楽しんで言葉を使うことができるようにする。

1 心・身体・言葉の発達表（目安）

3歳

- 基本的な運動機能が育ち、歩く、走る、跳ぶ、押す、引っ張る、投げる、転がる、またぐ、ぶらさがるなどの基本的な動作が一通りできるようになる。
- 食事、排泄、衣類の着衣着脱など、基本的な生活習慣がある程度自立できるようになる。
- 自我がはっきりする。
- 話し言葉の基礎ができて、盛んに質問するなど知的興味や関心が高まる。
- 友だちとの関わりが多くなるが、実際には、同じ遊びをそれぞれが楽しんでいる平行遊びであることが多い。
- 大人の行動や日常生活において経験したことをごっこ遊びに取り入れたり、象徴機能や観察力を発揮して、遊びの内容に発展性がみられるようになる。
- 予想や意図、期待をもって行動できるようになる。
- 高・低、良・悪、強・弱、勝・負や数概念など、概念形成が進む。
- 因果関係を理解するようになる。
- 言葉によるコミュニケーションが可能になり、3歳後半には1,500語ほど使えるようになる。
- 自己主張や自立欲求と同時に、依存欲求も強くなる。
- 我慢が少しできるようになる。
- 絵本、童話、視聴覚教材などを見たり聞いたりして、その簡単な内容やおもしろさを楽しむようになる。
- 生活に必要な言葉がある程度わかり、したいこと、してほしいことを言葉で表すようになる。

- 自立欲求が高まると同時に、依存欲求もまだ強いため、保育者との関わりのなかで子どもが受け入れられることで情緒が安定する。
- 外遊びも内遊びも豊かになるよう、遊具や道具、材料を準備する。
- 概念形成や因果関係の理解につながるような言葉かけを心がける。
- 友人とのやり取りができるよう配慮し、仲介する。
- コミュニケーションの楽しさが味わえるよう、本人の話を十分聞く、保育者が話をする、他の子どもとのやり取りの仲立ちをするなどの配慮をする。
- 基本的生活習慣の自立へ向けて声をかけていく。
- 自分なりに考え、行動していけるよう言葉をかけながら支援する。
- 模倣や競争心からも自立がうながせるので、友人の様子にも目を向けさせる。
- 絵本や童話、紙芝居などのおもしろさがわかるように配慮するとともに、生活のなかでできるだけ言葉と行動や出来事が結びつくようにする。
- 言葉は聞いて覚えるものであることに着目し、保育者は自らの言葉遣いに配慮する。

	4歳
発達（心・身体・言葉）	・4歳を過ぎる頃から、しっかりとした足取りで歩くようになるとともに、全身のバランスをとる能力が発達し、片足跳びをしたり、スキップをするなど、身体の動きが巧みになる。 ・絵を描きながら話すなど、異なる2種類の動作が同時にできるようになる。 ・競争心が生まれ、けんかが多くなる。 ・食事では好き嫌いがはっきりする。 ・基本的生活習慣が確立する。 ・自然などの身近な環境に積極的に関わり、さまざまなものの特性を知り、それらとの関わり方や遊び方を体得していく。 ・想像力が豊かになり、目的をもって行動し、つくったり、書いたり、試したりするようになるが、自分の行動やその結果を予測して不安になるなどの葛藤も経験する。 ・決まりの大切さに気づき、守ろうとするようになる。 ・感情が豊かになり、身近な人の気持ちを察し、少しずつ自分の気持ちを抑えたり、我慢ができるようになってくる。 ・絵本や童話などを読み聞かせてもらい、イメージを広げることができるようになる。 ・想像力やイメージの世界が広がり、物語や不思議なこと、おもしろいことを味わったり、楽しんだりすることができるようになる。 ・連合遊びをするようになり、ごっこ遊びの世界を楽しめるようになる。 ・ひらがなに興味をもち、自分の名前を読むようになる。 ・日常生活での会話がほぼできるようになる。
保育者の留意点・配慮点	・さまざまな遊びや自己表現活動ができるよう、活動内容や材料を考慮する。 ・戸外遊びにも関心が向くよう配慮する。 ・自然との関わりをもてるよう配慮する。 ・概念形成につながる話や、物事の因果関係などの説明を心がけ、思考力や認識力が育つよう配慮する。 ・イメージや空想の世界を広げるため、絵本を読んだり、素話をしたり、子ども自身の話をじっくり聞いていく。 ・文字に興味がもてるよう、環境に配慮する。 ・心理的安定感を得たり、自己評価を高め自尊感情がもてるよう、言葉をかけたり、友人の前でほめたり認めたりしていく。 ・葛藤を体験するなかで、相手の気持ちを理解し受容していけるよう、積極的に双方の気持ちや行動の理由などを話していく。 ・排泄や食事、着脱衣などが自分で判断して行動できるよう、自立に向けて言葉をかけていく。 ・日常生活や絵本、童話、詩などをとおして、さまざまな言葉の決まりやおもしろさなどに気づき、言葉の感覚が豊かになるよう配慮する。

5歳

- 起床から就寝にいたるまで、生活に必要な行動のほとんどを一人でできるようになる。
- 大人が行う動きのほとんどができるようになる。
- 人間関係が確立する。
- 言葉は2,000語ほど使用する。
- 基本的な生活習慣が身につき、運動機能はますます伸び、喜んで運動遊びをしたり、仲間とともに活発に遊ぶようになる。
- 言葉によって共通のイメージをもって遊んだり、目的に向かって集団で行動することが増える。
- 遊びを発展させ、楽しむために、自分たちで決まりをつくったりするようになる。
- 自分なりに考えて判断したり、批判する力が生まれ、けんかを自分たちで解決しようとするなど、お互いに相手を許したり、異なる思いや考えを認めたりといった社会生活に必要な基本的な力を身につけていく。
- 他人の役に立つことをうれしく感じたりして、仲間のなかの一人としての自覚が生まれる。
- 曜日がわかるようになる。
- ひらがなが読めるようになる。
- 親しみをもって日常のあいさつをするようになる。
- 話しかけや問いかけに対応して応答するようになる。
- 童話や詩などを聞いたり、自ら表現したりして、言葉のおもしろさや美しさに興味をもつようになる。
- 絵本や童話などに親しみ、そのおもしろさがわかって、想像して楽しむようになる。

- 集団遊びの楽しさを味わえるよう、素材や用具などの環境を工夫する。
- 文字への関心が高まるよう配慮する。
- 仲間間の人間関係の調整ができるよう仲介していく。
- 集団の決まりを守ったり、危険を避けて行動する手立てなどを伝える。
- 健康や安全に対する習慣や態度、基本的生活習慣の自立ができるよう、言葉をかけていく。
- 個人差を考慮して、見たこと、聞いたこと、感じたこと、考えたことを言葉で表現できる雰囲気をつくるように配慮する。
- 文字や記号については、日常生活や遊びのなかで興味をもてるよう、用具、遊具、視聴覚教材などの準備に配慮する。
- 絵本や童話などの内容を子どもが自らの経験と結びつけたり、想像をめぐらせたりしてイメージを豊かにできるよう、その選定や読み方に十分な配慮をする。

	6歳
発達（心・身体・言葉）	・全身運動が滑らかになり、ボールをつきながら走ったり、跳び箱を跳んだり、竹馬に乗るなど、さまざまな運動に意欲的に挑戦するようになる。 ・仲間の意思や仲間のなかで通用する約束事が大事なものとなり、それを守ろうとする。 ・ごっこ遊びを発展させた集団遊びが活発に展開され、遊びのなかで役割が生まれる。 ・文字を読んだり、書いたりできるようになる。 ・これまでの体験から、自信や予想、見通しを立てる力が育ち、心身ともに力があふれ、意欲が旺盛になる。 ・さまざまな知識や経験を生かし、創意工夫を重ね、遊びを発展させるようになる。 ・思考力や認識力も高まり、自然事象や社会事象、文字などへの興味や関心も深まっていく。 ・身近な大人に甘え、気持ちを休めることもあるが、さまざまな経験をとおして自立心が一層高まっていく。 ・文字や数字に一段と興味をもつようになる。 ・本などから知識を吸収することがおもしろくなる。 ・日常の挨拶、伝言、質問、応答、報告が上手になる。 ・身近な事物や事象について話したり、日常生活に必要な言葉を適切に使うようになる。 ・みんなで共通の話題について話し合うことを楽しむ。 ・話し相手や場面の違いにより、使う言葉や話し方が違うことに気づくようになる。 ・人の話を注意して聞き、相手にわかるように話すようになる。
保育者の留意点・配慮点	・ダイナミックな集団遊びができるよう、活動や材料、イメージづくりに配慮する。 ・知識欲求が満たされ、またより高まるよう支援する。 ・文字を読む楽しさを教えていく。 ・年長児としての自尊心が高まるよう、園全体で子どもの役割分担などに配慮する。 ・小学校以降の教育の基盤となるよう、思考力を高め、主体性をもって行動したり、自立的な生活ができるよう配慮する。 ・小学生になることへのイメージがもて、期待と希望がもてるよう工夫する。 ・本を見ることや、さまざまな文字を読む喜びを大切にし、言葉の感覚が豊かになるように配慮する。 ・自分の伝えたいことがしっかり相手に伝わる喜びを味わうため、人前で話す機会や場面をできるだけ多く用意する。

2 パペットを作成してみよう

材料
- カラー軍手……………………片方分
- カラー工作紙…………………適宜

道具
マジック・はさみ・のり・セロハンテープ

> **演じ方の例**
> ①パペットが完成→②音楽（BGM）を決める→動き（振り付け）を決める→言葉かけ（司会進行）
> 演じる際には、造形表現、音楽表現、身体表現、言語表現の表現力をすべて活用し、保育者自身も楽しんで演じることが重要である。

作り方

❶ ピンクのカラー工作紙を切って、うさぎの顔と耳、15cmほどの細長いテープをつくる。

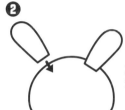

❷ 裏返し、のりで耳を貼る。

❸ 表にマジックで目や口などを描く。

❹ 細長く切った❶を輪にして、セロハンテープで裏に貼る。

❺ ピンクの軍手をはめ、人差し指と中指を裏の輪にはめたら完成！

他にも

大きな耳と長い鼻の
「ゾウ」
（青い軍手）

白黒模様の
「パンダ」
（白い軍手）

三角の耳をつければ
「キツネ」
（黄色の軍手）

まんまるおめめの
「カエル」
（緑の軍手）

3 エプロンシアターの実践（おおかみと七ひきのこやぎ）

❶

胸当て式エプロン、お母さんやぎ、こやぎ、おおかみを作成する（❷から実演に入る）。

★胸当て式エプロンはキルティングの布、やぎは綿ジャージ（基本白）で作成している。お母さんやぎには、エプロンをつけたり、洋服（端切れ）を着させるとよい。こやぎは7ひきの特徴を出すために、色の違うフェルトでチョッキを作成している。やぎはそれぞれ大きさを変えて作成するとともに、首に鈴をつけるなど、よりイメージに近づける工夫がされているとよい。

おおかみについては、腹ぺこおおかみと、こやぎを6ぴき入れられるファスナー付きの大きなおおかみを、指人形としてつくる。写真では、腹ぺこおおかみはいないが、おかあさんやぎを裏返すと腹ぺこおおかみになる仕掛けとなっている（演じ手が何体もの人形をもつことは不可能なため）。

エプロン、やぎ、おおかみをすべてやわらかい布等で作成している。これは、子どもが実際に触れたときの安全性や、簡単に破損しないということを考慮している。

❷

あるところに、お母さんやぎと7ひきのこやぎが住んでいました。ある日、お母さんやぎが用事で出かけるため、こやぎたちだけで留守番をすることになりました。

お母さんは、子どもたちに「お母さんが留守の間は、決して誰も家に入れてはいけませんよ」と言って出かけました。子どもたちは「わかった。大丈夫」と言いました。

★エプロンに小窓をつけている。小窓があることで、母親を見送る場面を演じることができる。また、エプロンシアターの幅や奥行が広がり、そのことで演出効果が上がる。なお、こやぎの取り外しがスムーズにいくように面ファスナーを使用している。

❸

しかし、しばらくすると、悪いおおかみが「あ～腹が減った。そうだ、あの家のこやぎを食べてしまおう」と言ってやってきました。

★物語にスリル感を出すのは何といってもおおかみの存在である。この写真では、お腹のすいたおおかみに見せるため、小さめなおおかみとなっている（お母さんやぎを裏返す仕掛け）。

❹
おおかみは、やぎの家に着くと「お母さんだよ。このドアを開けておくれ」と言いました。しかし、子どもたちはそのガラガラ声にすぐに気づき、「お母さんはそんな声じゃないもん」とみんなで言いました。

❺
おおかみは一旦あきらめ、ガラガラ声を変えるために、はちみつをなめ、白い手袋をして毛むくじゃらな足を隠しました。そして、もう一度やぎの家に行き、「お母さんだよ。このドアをあけておくれ。足もお前たちと同じ白色だよ」と言いました。子どもたちはお母さんが帰ってきたと思いドアを開けてしまいました。

その瞬間、おおかみは「おれさまはおおかみだ！ ガォー」と言い、子どもたちに襲いかかりました。

★おおかみの毛むくじゃらな足をお母さんやぎの足に見せるため、おおかみの足に白い軍手の親指部分等をはめて対応する。

❻
「わぁ～ おおかみだ～ みんなかくれてぇ～」子どもたちはみんなでかくれます。

★場面が変わるため、あらかじめ縫いつけておいた「家のなか」の舞台に変更させる。なお、7ひき目のこやぎが時計のなかに隠れるため、そのことがわかるよう、時計を中央に位置させるとよい。また、さまざまな場所に隠れられるよう、あらかじめポケットを作成しておくとよい。

おおかみが登場し、こやぎたちが隠れる場面は子どもが興味をもつ場面であるため、演じ手のスキルがポイントとなる。

❼
「どこにかくれたんだ！ いた！ いた！ ここにも、ここにも！」「1ぴき、2ひき、3びき、4ひき、5ひき、6ぴき…もう、お腹いっぱい…」。おおかみは子どもたちを見つけると、そのまま食べてしまいました。

❽
しばらくすると、お母さんが買い物から帰ってきました。「みんな帰ったわよ。みんなどこ？」。お母さんの問いかけに、時計のなかにかくれていた末っ子のこやぎが「お母さんここだよ」と顔を出しました。末っ子のこやぎは、他の兄弟がおおかみに食べられてしまったことをお母さんに伝えました。

❾
その頃、おおかみはお腹いっぱいになり、やぎの家の近くの小川のほとりで寝ていました。

★再度場面が変わるので、「小川のほとり」の舞台に変更させる。小川のほとりは家の外なので、大自然を表すために青と緑と毛糸を多く使用している。また、寝ているおおかみが落ちないように、フック等でとめるとよい。

❿
寝ているおおかみを見つけたお母さんは、おおかみのお腹をはさみで切って、子どもたちを助けることにしました。そして、おおかみのお腹のなかから、無事に6ぴきの子どもを助けることができました。

3 エプロンシアターの実践（おおかみと七ひきのこやぎ）

❶❶ 　子どもたちを助けたお母さんは、「さぁ、みんな！　おおかみが寝ている間にお腹のなかに石を入れて縫ってしまいましょう」と言って、子どもたちと一緒に石を入れ、お腹を縫い合わせました。

★石については、実演する際に、子どもたちに入れてもらうこともあるので、綿ジャージを丸く縫い、中には綿を入れ、子どもがもちやすい形としている。

❶❷ 　しばらくすると、おおかみが目覚めました。さぁ、このあとおおかみはどうなったかな？
　おしまい。

★ここでは、結末はあえて伝えずに、子どもたちに想像させながら、子どもとの応答的対応を楽しむ。

4 遊びからみる「幼児期の終わりまでに育ってほしい姿」

　第2章で学んだように、2018（平成30）年に施行された幼稚園教育要領、保育所保育指針、幼保連携型認定こども園教育・保育要領では、「幼児期の終わりまでに育ってほしい姿（10の姿）」が示された。以下では「くじらの教材」を活用した遊びを例として、遊びと10の姿がどうつながっているのか、またその際の保育者の指導の視点等をみていく。

　右の写真は布を使って製作した大きなくじらである。布を用いているので安全面は問題ない。くじらの口にはチャックが付いており、そのなかには、さまざまな色の赤ちゃんくじらが入っている。赤ちゃんくじらの裏側（おなか）には文字（ひらがな）が書かれている。このくじらを紹介する前に手遊び「さかながはねて」（作詞・作曲中川ひろたか）などを実践してもよい。

①思考力の芽生え、言葉による伝え合い、豊かな感性と表現

　子どもの前に「大きなお母さんくじらです」などと言いながらくじらを登場させ、その後口のチャックを開けて赤ちゃんくじらを見せる。その際、「何色の赤ちゃんくじらがいるかな」などと聞き、子どもがさまざまに考えられるよう促していく。保育者のやさしい言葉かけによって子どもを楽しい世界へと導いていくことと、赤ちゃんクジラを出すタイミングをうまく図り、子どもの興味を引くことがポイントである。

②思考力の芽生え、数量や図形、標識や文字などへの関心・感覚

　くじらを子どもに触らせ、布素材の性質を感じ取らせると同時に、おなかに書かれている文字に興味を持てるよう促していく。

4 遊びからみる「幼児期の終わりまでに育ってほしい姿」

③協同性、思考力の芽生え、言葉による伝え合い、豊かな感性と表現

子ども同士で、①赤ちゃんくじらを同じ色に分類したり、②それをきれいに並べたり、③隣同士違う色で並べたり、④お母さんくじらの横にあいうえお順で赤ちゃんくじらを並べたりする遊びに取り組ませるなかで、友だちと心を通わせ工夫したり、協力したりすることや、言葉による伝え合いを楽しめるように促していく。

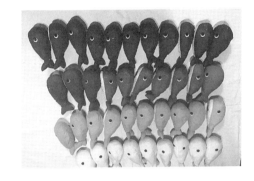

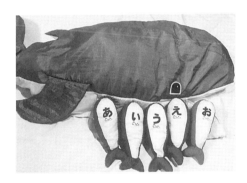

④数量や図形、標識や文字などへの関心・感覚

赤ちゃんくじらに書かれている文字がすべてわかるように並べ、かるた遊びのように遊んだり、「くじらの『く』を探してみよう」といった遊びを通して、子どもたちが文字に親しむ体験や興味・関心を持てるように促していく。

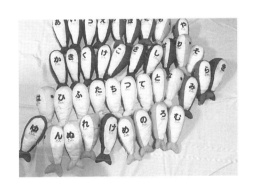

5　主な園行事の紹介

入園式（4月初め）

入園式は、新入園児を迎えて新しいスタートを切る日である。新入園児にとっては、新しい人的環境・物的環境のなかでの生活になり、戸惑いや不安を抱いているので、保育者は優しい言葉かけと温かい触れ合いで対応することが必要である。入園式はあくまでも、子ども中心の時間とし、30分程度で終了するように計画することが望ましい。

> 保育者へのワンポイントアドバイス
> 保護者全員と会う機会は限られているため、園や園生活の説明（約束事等）をしっかりと行うことが大切である。

誕生会（毎月）

幼稚園・保育所・認定こども園では毎月の行事として誕生会を行う。誕生会の形態はさまざまで、園全体で行うもの、年齢別に行うもの、クラスで行うものがある。誕生会は子どもの成長を喜ぶ会であり、子どもを尊重して認めてあげる特別な記念日であることを理解しなければならない。

> 保育者へのワンポイントアドバイス
> 過剰な演出等は必要ないが、クラス全体で祝福する雰囲気づくりをすることや、保育者が手づくりした成長の喜びを伝えるカードやメダル等をプレゼントとすることも良い。

こどもの日（5月5日）

「こどもの日」は、端午の節句または菖蒲の節句と呼ばれ、古くは田の神を迎え、豊作を祈願するための行事であった。菖蒲～尚武～勝負と関連させ、男児の立身出世を願う行事へと変容してきた。子どもの健やかな成長を主とした保育活動にすることが望ましい。

> 保育者へのワンポイントアドバイス
> こいのぼりを製作するだけにとどまらず、童謡の「こいのぼり」を歌ったり、保育者がこいのぼりの由来を伝えたりすると良い。

母の日（5月の第2日曜日）

園児の母親が日常的にしている仕事や家庭での役割について、子どもたちと話をし、感謝の気持ちをもてるようにしたい。子どもに対して押しつけや強制的に、「今日は、お母さんに『ありがとう』って言いなさい」という指導では逆効果になるため、注意が必要である。また、何らかの理由で母親がいない子どもたちにも十分に配慮・気配りをすることも忘れてはならない。

ちなみに、母の日に贈ることが定番となっているカーネーションの花言葉は、「母の愛」である。

保育者へのワンポイントアドバイス
母親に何かを渡すといった物にこだわるのでなく、保育者が子どもの思いやりや優しさを育てられるようにしていくことが必要である。

父の日（6月の第3日曜日）

5月より「子どもの日」「母の日」「父の日」と同じ家族に関する行事が続くため、それぞれの行事をとおして家族のコミュニケーションをより深めたり、子どもたちにも家族への関わりに興味・関心をもってもらえる時期にしたい。

父の日の行事としては、単に、「お父さんの顔を描く」「父親参観を行う」ということで終わりにすることがないよう、保育者は園児に対して、父親の役割や存在に関心をもたせる日としたい。また、何らかの理由で父親のいない子どもたちにも十分に配慮・気配りをすることも忘れてはいけない。

保育者へのワンポイントアドバイス
母の日と同様に父親に何かを渡すといった物にこだわるのではなく、保育者が子どもの思いや優しさを育てられるようにしていくことが必要である。

七夕（7月7日）

保育者が七夕の由来を確認し、文化の継承をとおして子どもたちと関わることは、とても貴重な体験になる。意味もわからず、ただ単に子どもに負担をかける七夕の制作や飾りつけはあまり好ましくない保育活動であるため、保育者は七夕の由来等をしっかりと学んでおくことが必要である。形だけで終わることがないよう、星への興味・関心をもたせる活動や、短冊に夢や願いを書くといった活動を取り入れると幅も広がる。短冊に願いを書くといった体験をさせることによって、子どもが文字に興味をもつことにつながることもある。

保育者へのワンポイントアドバイス
子どもたちが自分の願いをじっくり思考できる場面をつくり出すことが必要である。一方で、必要以上に七夕飾りの見栄えを気にすることがないようにしなければならない。

敬老の日

　高齢者を敬愛し、長寿を祝う日である。核家族化が進み、子どもの側に祖父母がいない環境が増えているため、子どもの親類だけでなく、地域の高齢者とふれあう機会を設けることも必要である。ただし、形式的にお年寄りに感謝させる行為は逆効果になるため、注意が必要である。また、保育者は祖父母と生活をしていない子どもたちへの配慮や気配りをすると同時に、祖父母と一緒に生活をしている子どもたちには、「おじいちゃん・おばあちゃん」との普段の関わりなどを聞く機会としたい。

> **保育者へのワンポイントアドバイス**
> 家族である祖父母だけでなく、たとえば地域社会に高齢者施設等がある場合は、訪問をお願いし、子どもが地域の方との触れ合いや関わりをもてるようにすることも良い。

お正月

　年の初めを祝う日である。子どもたちは、地域での行事、テレビ等で、「あけましておめでとう」や「年賀状が来た」など、日常生活とは違った生活によってお正月を感じることとなる。また、お年玉をもらうことも経験するであろう。幼稚園・保育所・認定こども園はこの時期はお休みであるが、必ずふれたい行事の1つである。お正月に体験したことを子どもたちに聞き、生活発表会などを行っても楽しい。

> **保育者へのワンポイントアドバイス**
> 子どもたちが新しい年を迎えるという意味や文化を理解することは難しいが、お正月にどのような経験をしたのか保育者が聞いてみると良い。

卒園式

　幼稚園・保育所・認定こども園生活の締めくくりである卒園式は、さまざまな形態で行われているが、式の主役はもちろん園児である。「卒園するとはどういうことか」という意味をよく理解させること、卒園するという自覚をもたせること、心の準備をさせるために、3月以前から卒園式について話すなど、丁寧に保育活動に取り入れていく配慮が必要である。

> **保育者へのワンポイントアドバイス**
> 子どもが大きく成長したことを保護者とともに喜ぶとともに、保育者の自らの保育について振り返る機会にしたい。

【参考文献】
阿部直美『園行事・資料と展開－日々の保育を豊かにする』チャイルド本社　1987年

保育者をめざす人の保育内容「言葉」[第2版]

2012年11月10日　初版第1刷発行
2017年 3月 1日　初版第5刷発行
2018年 3月31日　第2版第1刷発行
2023年 3月 1日　第2版第7刷発行

編　者　　駒井　美智子
発行者　　竹鼻　均之
発行所　　株式会社みらい
　　　　　〒500-8137　岐阜市東興町40　第5澤田ビル
　　　　　TEL　058-247-1227(代)
　　　　　FAX　058-247-1218
　　　　　https://www.mirai-inc.jp/

印刷・製本　サンメッセ株式会社

ISBN978-4-86015-422-6　C3037
Printed in Japan　　　　乱丁本・落丁本はお取り替え致します。